国家社会科学基金项目"货币外部性与中国产业地区转移机制研究"(项目号: 15BGL214)

低碳经济对中国
对外贸易环境的影响

陈　春◇著

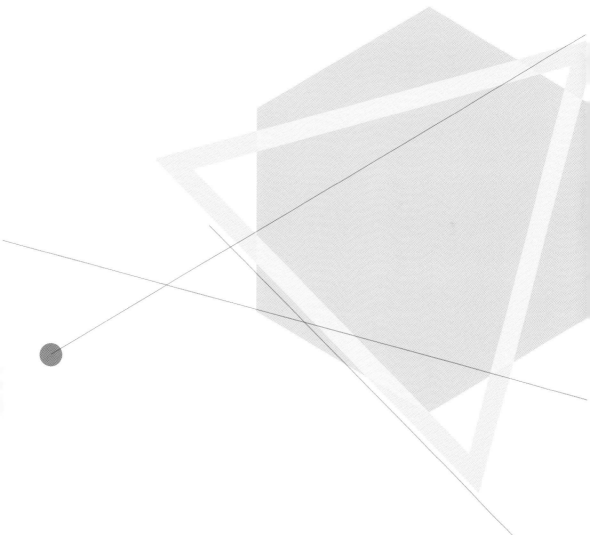

中国社会科学出版社

图书在版编目（CIP）数据

低碳经济对中国对外贸易环境的影响/陈春著 . —北京：
中国社会科学出版社，2017.5
ISBN 978 - 7 - 5203 - 0151 - 0

Ⅰ.①低…　Ⅱ.①陈…　Ⅲ.①低碳经济—影响—
对外贸易—研究—中国　Ⅳ.①F062.2②F752.2

中国版本图书馆 CIP 数据核字（2017）第 074549 号

出 版 人　赵剑英
责任编辑　田　文
特约编辑　姚丹琦
责任校对　刘　俊
责任印制　王　超

出　　版　中国社会科学出版社
社　　址　北京鼓楼西大街甲 158 号
邮　　编　100720
网　　址　http://www.csspw.cn
发 行 部　010 - 84083685
门 市 部　010 - 84029450
经　　销　新华书店及其他书店

印　　刷　北京君升印刷有限公司
装　　订　廊坊市广阳区广增装订厂
版　　次　2017 年 5 月第 1 版
印　　次　2017 年 5 月第 1 次印刷

开　　本　710×1000　1/16
印　　张　13
字　　数　191 千字
定　　价　58.00 元

摘　　要

　　"低碳经济"自提出后一直为全球关注和认同。由于其涉及气候、经济、政治、贸易、技术、环境等多个领域，因此在当前全球化、新的国际经济与政治秩序正在形成的背景下，低碳经济必然对国际贸易规则、全球贸易环境产生新的影响。中国作为世界最大的贸易国与碳排放国之一，面临的对外贸易环境亦将更加严峻。随着2009年6月《美国清洁能源安全法案》的通过，碳关税问题的提出以及国际金融危机后产生的各种贸易摩擦与贸易壁垒的增多将使得中国更加重视对外贸易环境的优化。无论是缘于国际的压力，还是我国自身可持续发展的需要，在当前低碳经济时代，中国都必须改变对外贸易结构，转变对外贸易的增长方式，大力发展服务贸易与绿色贸易，从而积极应对国际碳关税的实施，突破发达国家对我国形成的低碳技术与碳标识等环境壁垒，促进中国向低碳经济的发展方式转变，优化中国的对外贸易环境，实现中国对外贸易与经济的可持续发展。

　　全书共六章。

　　第一章为绪论。主要解释了本书的研究背景及意义，回顾本书研究涉及的国内外研究现状，确定本书的研究思路、研究方法、文章结构与主要创新点。

　　第二章主要论述了低碳经济的基础理论问题。首先分析了低碳经济提出的背景和相关理论基础，尤其是低碳经济理论产生的国际经济环境及发展低碳经济的积极意义，并对其定义与内涵进行了概括和介绍。着重分析了碳关税问题。碳关税作为低碳经济时代的产物，将给当今的国际经济秩序制造新的争端与分歧，改变国际贸易的规则与环境。本章对西方各主要大国，例如美国、欧盟、日本、英国的低碳经济战略与政策进行了研究，指出它们在制定与实施低碳经济战略与政策方面，在低碳技术、资金、人才、碳交易市场等方面抢占了先机，并利用其形成的先发优势，出台各种碳贸易规则与政策，给发展中国家的对外贸易发展设置种种障碍与壁垒。

　　第三章主要论述了对外贸易环境问题。笔者认为，对外贸易环境可分为对外贸易的自然环境和对外贸易的社会环境。对对外贸易环境，特别是对外贸易的社会环境进行了界定，总结了当今对外贸易社会环境的新变化，指出这些新变化有利于国际贸易的发展，并从自然环境与社会环境两方面分析了环境与对外贸易的关系。目前，理论界认为国际贸易影响自然环境，而且学术界对国际贸易活动是否有利于保护环境，及其影响机制与途径进行了大量的研究，得出国际贸易活动对环境的最终影响是结构效应、规模效应、技术效应、商品效应等多种效应的综合，可能对自然环境有利，也可能会破坏自然环境的结论。另一方面，可将国际贸易社会环境视作一种新型的投入要素，参与国际贸易的全过程，而且国际贸易社会环境对于国际贸易具有决定性的作用。因此，本书侧重于国际贸易的社会环境，从对外贸易结构、碳关税及非关税壁垒三方面分析低碳经济带来的国际贸易环境的新变化以及这种变化将如何影响国际贸易发展。

　　第四章主要论述了低碳经济对国际贸易环境的影响。从对外贸易结构、碳关税及环境壁垒方面考察了由低碳经济引起的主要贸易强国与地区（美国、日本、欧盟）外贸环境的变化。对外贸易结构方面，主要分析了美国、日本及欧盟三个贸易强国与地区近年来对外贸易结构的特点与变化，以及它们碳排放量的变化趋势，指出各国与地区因为贸易额的增多，碳排放量也增多。但由于上述国家和地区进出口商品结构中，工业制成品所占比重较大，且工业制成品中低耗能、低排放产品居多，说明发达国家的贸易产业结构已得到优化，贸易商品碳排放量小。因此它们可以利用这种优势给发展中国家，特别是中国施加减排压力，利用碳关税及各种碳标准等非关税手段制造新的贸易壁垒，使得中国对外贸易环境变得更加严峻。本书还运用了变系数不变截距模型对世界主要贸易大国的产业结构与碳排放量的关系进行了实证分析，从而间接分析其对外贸易结构与低碳经济的数量关系，得出要发展低碳经济，必须视国情合理选择主导产业，加快产业结构与对外贸易结构的调整以优化对外贸易环境的结论。碳关税及环境壁垒方面，主要考察了美国、日本、欧盟等国家和地区对碳关税的态度，以及它们目前正在以低碳经济的名义，实施各种贸易壁垒，指出碳关税与非关税贸易壁垒将使国际贸易环境愈加复杂化。

第五章具体分析了低碳经济对中国对外贸易环境的影响。首先对中国进出口商品结构进行了一般分析，得出中国出口产品主要以高耗能、高排放的工业制成品为主，而进口商品多以低耗能、低排放的机电产品和高新技术产品为主。同时运用投入产出分析工具，按 28 个产业出口类别计算了中国 1997 年、2002 年、2007 年各类出口产品的隐含碳，结果表明中国出口产业主要集中在化学原料及化学制品制造业、非金属矿物制品业、黑色金属冶炼及压延加工业、有色金属冶炼及压延加工业、石油加工炼焦及核燃料加工业、电力热力的生产和供应业这六大高耗能、高排放行业。说明中国外贸商品结构不够合理，必须调整中国外贸商品结构，减少出口产品隐含碳排放量。接着，运用多元线性回归模型对中国产业结构与低碳经济的关系进行了实证分析，从而间接分析了中国外贸结构与低碳经济的关系。结果表明，中国第三产业的增长会降低碳排放量，因此要大力发展服务贸易，才能赢得更宽松的外贸环境。由于中国出口产品基本集中在高碳产品，一旦外国实施碳关税，中国出口产品将面临碳壁垒，出口竞争力将减弱。而且随着低碳经济的发展，各发达国家会不断利用低碳技术标准及碳标识等非关税壁垒手段对中国出口商品进行限制。因此，必须调整中国进出口商品结构，减少中国出口产品隐含碳排放量，积极应对碳关税，发展服务贸易，发展绿色贸易，才能从容面对日益复杂的外贸环境。

第六章主要探讨了优化中国对外贸易环境所面临的挑战与机遇，以及具体的实现途径与对策。一方面，中国国力增强，国际地位不断提升，已成为"坐二望一"的贸易大国，低碳经济的实施也为中国对外贸易的持续发展提供了新的机会和增长点。另一方面，作为新崛起的贸易大国，在目前世界经济低迷时期，中国在发达国家追求与实施低碳经济的过程中，将面临许多新的挑战。因此，中国必须积极开展"环境外交"，参与国际贸易规则的制定，并大力发展低碳经济，赢取更多国际话语权，实施新的对外贸易战略和政策，才能保证对外贸易环境的优化，实现中国对外贸易与经济社会的持续和健康发展。

关键词：低碳经济、碳关税、对外贸易结构、隐含碳排放、环境壁垒

Abstract

"Low Carbon Economy" has attracted the global concerns and been accepted by the world since it was put forward in 2003. Because it involves the climate, economy, politics, trade, technology, environment etc, low carbon economy must make new effects on the international trade rules and global trade environment under the background of globalization, when new international economic and political order is forming. As one of the largest trader and carbon emitter in the world, China is facing more and more serious foreign trade environment. Especially, the American Clean Energy and Security Act passed in June 2009, the problem of carbon tariffs is bumping up and a variety of trade frictions and trade barriers are booming after the international financial crisis, which forces China to pay great attention to the problem of foreign trade environmental optimization. Because of the international pressure and the needs of sustainable development, China must improve the structure and change the growth mode of foreign trade in the era of low carbon economy. In the meantime, China should vigorously develop the service trade and green trade, actively respond to the implementation of carbon tariffs on Chinese export commodities, and break up environmental barriers of low carbon technologies, "carbon logo" and so on made by other countries. Thus China can promote to change the mode of development to low carbon economy, optimize its foreign trade environment, and realize the sustainable development of foreign trade and economy. The dissertation is composed of six chapters.

Chapter 1 introduces the research background and the research significance, the domestic and overseas research progress in this area, the research content, the research method and the research novelty.

Chapter 2 discusses the major theoretical problems in low carbon economy. Firstly it reviews the related theories of basic low carbon economy, discusses the international background and active significance of the theory of low carbon economy. Then it briefly introduces the definition and connotation of low carbon economy. Based on these, the dissertation emphatically analyzes the carbon tariffs, as the product of the era of low carbon economy, which leads to new dispute and differences in the international order and will change the rules and the environment of international trade. In the end it gives some details about the strategy and policy of low carbon economy of the western countries, which offers some references to China.

Chapter 3 mainly discusses the problems of foreign trade environment. The dissertation defines the foreign trade environment, especially the social environment of foreign trade. It also sums up the new changes in social environment of foreign trade today, and points out that these new changes will make international trade to be smooth. From two aspects of natural environment and social environment, the dissertation analyzes the relationship between foreign trade and environment. In fact, the social environment plays a decisive role in the development of international trade. And carbon tariffs will play a limit positive role for natural environment, but more become trade barriers to the foreign trade environment.

Chapter 4 analyzes the impact of low carbon economy on international trade environment. From three aspects of the structure of foreign trade, carbon tariffs and environmental barrier, it presents the changes of foreign trade environment caused by low carbon economy in three trading powers—the United States, EU and Japan. About the structure of foreign trade, the dissertation generally analyzes the variation of foreign trade structure and

.carbon emissions of each trading powers in recent years, concludes that carbon emissions have increased with the growth of foreign trade of three trading powers. The dissertation makes empirical study on the relationship between carbon emissions and industrial structure in major trade countries by utilizing the varying coefficient unchanged intercept model, in order to indirectly analyze the relationships between the low carbon economy and foreign trade structure. The conclusion is that it must choose properly the leading industry according to the different situations, speed up the adjustment of industrial structure and foreign trade structure to develop the low carbon economy and ensure the environmental optimization of foreign trade. About carbon tariffs and environment barriers, it mainly inspects the attitude of the United States, the European Union, Japan and other countries for carbon tariffs. Many countries and regions are making environment barriers in name of low carbon economy at present and will implement carbon tariffs in the future. The carbon tariffs and non-tariff environmental barriers are the embodiment of the complication of international trade environment today.

Chapter 5 makes empirical analysis on the impact of low carbon economy on China's foreign trade environment. In this dissertation, we focus on using input-output and empirically analyze the embodied carbon emissions in Chinese export according to 28 industrial export categories. We also indirectly analyze the relationships of the low carbon economy and foreign trade structure by using the multivariate linear regression model of Chinese industrial structure and low carbon economy. Results show that China's exports have concentrated on the products embodying high carbon. Once carbon tariffs is implemented, Chinese exports will be facing carbon barriers and export competitiveness will be declined markedly. At the same time, with the development of low carbon economy, the developed countries make constantly new environment barriers on China's export trade using the technical standard of low carbon and carbon logo etc. Hence, China must make adjustment of structure of the import and export commodity, actively addressed carbon tariffs, vigorously develop green trade and service trade.

Chapter 6 mainly discusses the challenges and opportunities of developing low carbon economy, optimizing environment of Chinese foreign trade. The dissertation gives detailed ways and measures to realize low carbon economy and environmental optimization of foreign trade in China.

Key Words: low carbon economy; carbon tariffs; foreign trade structure; embodied carbon emissions; environmental barriers

目　　录

图索引

表索引

第一章　绪论

一　研究的背景及意义

自 1972 年罗马俱乐部发表的《增长的极限》报告中反思高能耗、高污染的传统工业文明和高碳经济的发展方式后，1992 年联合国环境与发展大会首次提出了"可持续发展"理念，通过了《联合国气候变化框架公约》，明确提出了控制大气中温室气体浓度上升，减少二氧化碳排放是国际社会共同的责任和义务。在当前国际金融危机、欧洲债务危机和全球气候危机来袭之时，世界各国纷纷反思经济发展方式，探寻经济增长与环境保护的平衡路径，寻求长期可持续发展模式的解决之道。于是低碳经济应运而生，频繁出现在各国和地区的经济、政治、社会等领域，已成为继工业革命、信息革命后的又一波浪潮。

"低碳经济"的概念于 2003 年 2 月 24 日英国政府在其题为《我们未来的能源：创建低碳经济》的能源白皮书（UK Government, 2003）中首次提出。自提出后得到世界各国各界的关注与热捧。低碳经济的本质是以低能耗、低污染、低排放、高效率为特征的全新经济发展模式，它是由低碳政策、低碳技术、低碳产业、低碳城市及低碳生活构成的一个低碳经济体系。因此，在节能和环保这个关系着人类生存和发展的共同命题下，对身处全球化的各国而言，如何实现低碳经济的发展模式从而实现资源能源约束下的可持续发展、构建人类与自然的和谐世界，已成为当前的重中之重。对于尚处于工业化、城市化、现代化快速发展时期的中国，如何转变发展方式，减少碳排放，实现低碳经济，尤为重要。

改革开放以来，中国经济飞速发展，GDP 的年均增长率达到
9.8%。随着开放程度的不断扩大，中国对外贸易也飞速发展，特别
是在 2001 年加入中国世界贸易组织（WTO）之后，中国经济日益融
入世界经济，对外贸易以年均 20%—30% 的速度增长，成为全球对
外贸易增长最快的国家。即使在全球金融危机严重冲击的 2009 年，
中国进出口总额依然达 22072.2 亿美元。根据世界贸易组织最新公布
的数据，2009 年中国出口占全球出口比重由上年的 8.9% 提高到
9.6%，已经超过德国成为世界第一出口大国。

经济和贸易的迅速增长带动了对能源需求的增长。特别是近年
来，中国的经济增长在很大程度上依赖于对重型制造业的固定资产
投资和以量取胜的工业产品的出口。随着能源需求与本国供应之间
的缺口不断扩大，中国不得不越来越多地依赖进口以满足其日益增
长的能源需求。与此同时，粗放的经济增长模式还导致了严重的环
境恶化。特别是对外贸易中的碳排放日益引起国际社会的关注。国
际能源署（2008）的研究报告认为，2004 年中国 CO_2 排放总量的
34% 源于生产满足国际市场消费的产品。英国 Tyndall 气候变化研究
中心（2007）的分析结果表明，2004 年进出口贸易使中国产生的
CO_2 净排放量占全国的 23%。[1] Bin and Robert（2006）对中美贸易的
研究结果表明，中国为生产满足美国消费的产品而产生的 CO_2 排放量
由 1997 年的 2.13 亿吨增加到 2003 年的 4.97 亿吨，占中国排放量的
比重从 7% 增加到 14%。[2] 因此，作为全球能源生产和消费及碳排放
大国之一的中国，对外贸易面临巨大的减排压力，必须加快转变外
贸发展方式，走低碳经济之路。这既缘于自身经济贸易可持续发展
的内在要求，也是迫于国际社会将低碳经济作为规制国际贸易规则
之一的现实。

---

① Wang Tao, Who owns China's carbon emission, Sussex Energy Group and Tyndall Centre for Climate Change Research, 2007.

② Bin Shui, Robert C. Harriss, The role of CO_2 embodiment in US-China trade, *Energy Policy*, 2006, 34 (18): pp. 4063 – 4068.

　　如何在当前国际经济政治新格局下，为中国外贸发展赢取良好的外部环境，对于加快转变外贸增长方式，保证中国对外贸易与经济的顺利持续发展尤为重要。低碳经济虽是实现可持续发展的良好途径，但在某种程度上又是中国外贸发展的约束条件。发达国家已将低碳经济与气候问题紧密联系在一起并已升至政治、经济、贸易、国际关系的高度。围绕低碳经济，衍生出诸多问题与矛盾，深刻地改变着全球贸易乃至经济政治规则与秩序。2009 年 6 月底，美国众议院通过了《美国清洁能源安全法案》，该法案规定美国未来将对包括中国在内的未实施碳减排限额的国家进口产品征收"碳关税"。这个打着"节能减排，实施低碳经济"口号的"碳关税"一旦实施，无疑使中国外贸面临的发展环境更加严峻。要突破这种局面，处于全球化的中国就必须发展低碳经济，调整中国的对外贸易结构。对外贸易结构是一国或地区经济技术发展水平、产业结构状况、商品国际竞争能力、在国际分工和国际贸易中的地位等的综合反映。从中国改革开放特别是90 年代取消出口经营亏损补贴并放松进口限制以后的对外贸易发展情况看，中国对外贸易的长期增长主要取决于自身比较优势的动态变化以及国际市场的需求。从实证研究的层次上看，中国比较优势的状况及其变化深刻地反映在对外贸易结构问题上。同样，对外贸易能否实现发展方式的转变、可持续增长、低碳化发展，也体现在对外贸易结构的是否优化。

　　目前，中国对外贸易结构正面临调整期。从贸易商品结构上看，有形商品（货物）贸易发展迅速，而低能耗低排放的无形商品（服务和技术）贸易发展滞后；从出口商品结构上看，中国出口的工业制成品大部分是劳动密集型的低附加值且碳排放较高产品，科技含量和附加值较高、能耗较低的产品比重偏低，目前国际市场上需求旺盛的技术密集型和加工程度高的产品几乎都是中国的弱项或竞争力差的产品，中国的贸易大国特征主要表现在劳动密集型商品的出口贸易上，而在资本、技术密集型商品的出口贸易上，中国仍具有"贸易小国"的典型特征；从贸易方式结构上看，中国商品出口一半以上是通过加工贸易实现的，特别是机电产品出口，其 2/3 以上是通过加工贸易实现的，中国加工贸易本身还处于低级阶段，其特点是"两头在外、大进大出"，中国企业只是发挥了劳动力资源优势，收取有限的加工费；从贸易区域结构上看，长期以来，中国外贸高度集中于少数国家和地区，这一方面增加了对外贸易的风险性，另一方面又削弱了其灵活性和竞争力。上述结构性问题已成为目前困扰中国对外贸易发展的突出性问题，而低碳经济正为这些问题提供了解决之道及良好的契机。一方面，低碳经济的提出，促使对外贸易结构向低碳化的目标优化，同时可以减少单位出口产品能耗和资源的投入，实现外贸的持续发展；另一方面，国际社会因低碳经济衍生出的"碳关税"、绿色贸易等势必形成中国新的贸易壁垒，因此对外贸易结构的低碳化有利于打破新的壁垒，有利于外贸和经济增长，亦有利于打造低碳经济与低碳社会。

因此，本书较为系统地从对外贸易结构、"碳关税"及非关税壁垒三方面分析和研究低碳经济对中国对外贸易环境的影响、通过研究中国对外贸易结构、进出口商品的隐含碳排放量、"碳关税"对中国对外贸易的影响、国际上低碳经济导致的非关税壁垒对中国对外贸易的影响，提出中国对外贸易结构的调整方向与目标，制定对外贸易发展战略和政策，对于中国调整外贸结构、减少贸易摩擦、突破新贸易壁垒、打造良好的外贸环境以实现外贸经济的可持续发展，实现中国低碳经济全新发展模式，具有较强的现实意义。

（一）研究的理论意义

1. 低碳经济理论与实践对整个人类而言，都是一个崭新的问题。如何发展低碳经济，如何完善低碳经济理论是值得全人类探索的课题。

2. 中国正面临结构优化问题和经济发展方式转变问题。低碳经济理论及发展低碳经济，有利于推动中国经济发展方式的转变及结构的优化。因此探索低碳经济理论体系、探索低碳经济实现途径、探索低碳经济对对外贸易环境的影响有着非常重要的理论意义。研究此课题，对推动中国对外贸易向环保贸易、科技贸易、绿色贸易发展，实现中国对外贸易可持续发展，进而推动中国国民经济又快又好发展有着重要的意义，并能在一定程度上丰富中国对外贸易理论和低碳经济理论。

（二）研究的实践意义

本书通过实证量化、文献分析和理论剖析，通过对进出口商品结构中隐含碳排放量的计算及其对贸易影响的度量，通过对"碳关税"、环境壁垒对中国对外贸易发展的影响分析以及提出的对策建议可推动中国经济又快又好发展，推动中国对外贸易顺利向环保贸易、科技贸易、绿色贸易发展。对于中国制定未来贸易发展战略及与环境协调发展政策将提供一定的参考价值，且对中国外贸企业今后改善贸易行为和转变经营方式也会具有一定指导意义。

二 文献综述

关于低碳经济对中国对外贸易环境的影响，涉及的文献较多且分散，本书经筛选整理，从以下几方面分别阐述：

（一）关于低碳经济基础理论的研究

低碳经济自提出后颇受世界各国政府及社会各界的关注，围绕着其内涵、实现的可能性及实现的途径问题，国外学者进行了大量的理论与实证研究。如 Johnston（2005）等探讨了英国大量减少住房二氧化碳排放的技术可行性。[1] Treffers（2005）等探讨了德国在 2050 年实现 1990 年基础上减少 GHG 排放 80% 的可能性，认为通过采用相关政策措施，共同实现经济的强劲增长和 GHG 排放的减少是可能的。[2] Shimada（2007）等学者构建了一种描述城市尺度低碳经济长期发展情景的方法，并将此方法应用到日本滋贺地。[3] IEA（国际能

---

[1] Johnston, D., Lowe, R., Bell, M., "An Exploration of the Technical Feasibility of Achieving CO$_2$ Emission Reductions in Excess of 60% Within the UK Housing Stock by the Year 2050", *Energy Policy*, Vol. 33, 2005, pp. 1643 – 1659.

[2] Treffers, T., Faaij, APC, Sparkman, J., Seebregts, "A Exploring the Possibilities for Setting up Sustainable Energy Systems for the Long Term: Two Visions for the Dutch Energy System in 2050", *Energy Policy*, Vol. 33, 2005, pp. 1723 – 1743.

[3] Koji Shimada, Yoshitaka Tanaka, Kei Gomi, Yuzuru Matsuoka, "Developing a Long-term Local Society Design Methodology Towards a Low-carbon Economy: An Application to Shiga Prefecture in Japan", *Energy Policy*, Vol. 35, 2007, pp. 4688 – 4703.

源署）（2010）利用模型预测了世界气候要达到全球450mg/L排放的浓度目标时各国2030年、2050年需要投入的资金、技术、政策等。[①]

国内学者对低碳经济的探讨首先集中在中国应不应该发展和倡导低碳经济。有学者提出低碳经济只是西方的一种炒作概念，我们不应盲从。而更多的学者已达成共识的是中国应发展低碳经济，且要将其提升到国家战略高度才能实现。围绕低碳经济理论，主要研究的有以下几个方面：一是低碳经济的定义及内涵。如国内较早研究低碳经济的学者庄贵阳（2005）认为，"低碳经济"（Low Carbon Economy）最先由英国政府提出，是指依靠技术创新和政策措施，实施一场能源革命，建立一种较少排放温室气体的经济发展模式，从而减缓气候变化。低碳经济的实质是能源效率和清洁能源结构问题，核心是能源技术创新和制度创新，目标是减缓气候变化和促进人类的可持续发展。[②] 付允等（2008）认为低碳经济是一种绿色经济发展模式，它是以低能耗、低污染、低排放和高效能、高效率、高效益（三低三高）为基础，以低碳发展为发展方向，以节能减排为发展方式，以碳中和技术为发展方法的绿色经济发展模式。[③] 鲍健强等（2008）指出，碳排放量成为衡量人类经济发展方式的新标识，碳减排的国际履约协议孕育了低碳经济。表面上看低碳经济是为减少温室气体排放所做努力的结果，但实质上，低碳经济是经济发展方式、能源消费方式、人类生活方式的一次新变革，它将全方位地改造建立在化石燃料（能源）基础之上的现代工业文明，转向生态经济和生态文明。[④] 刘华荣（2011）认为低碳经济是三低一高。即低能耗、低污染、低排放以及高综合效益的绿色经济发展方式。主要是发展方式的一种变革，核心

[①]　IEA 2010, Energy Technology Perspective—Scenarios & Strategies to 2050, International Energy Agency, Paris.

[②]　庄贵阳：《中国经济低碳发展的途径与潜力分析》，《国际技术经济研究》2005年第3期。

[③]　付允等：《低碳经济的发展模式研究》，《中国人口·资源与环境》2008年第3期。

[④]　鲍健强等：《低碳经济：人类经济发展方式的新变革》，《中国工业经济》2008年第4期。

是转变思想观念，从根本上发展低碳经济。[①] 卢红兵（2013）认为，低碳经济和循环经济在实施主体、手段等方面有很多相近的地方，但其本质及核心是有区别的。发展循环经济为低碳经济提供基础，而低碳经济对循环经济起着促进作用，二者缺一不可。[②] 可见对低碳经济的定义目前并没有形成一个统一的描述。二是中国发展低碳经济的原因。刘世锦（2010）认为，从中国的能源资源条件、经济发展阶段、科技水平以及可能面临的减排国际压力等角度考虑，中国都应大力发展低碳经济。[③] 三是中国实现低碳经济的可行性。一些学者认为中国发展低碳经济存在很大的障碍与困难，如庄贵阳（2005）认为，中国向低碳经济转型，面临着许多市场和制度障碍。[④] 金乐琴等（2009）认为，中国发展低碳经济面临发展阶段、发展方式、资源禀赋、贸易结构等诸多不利因素。[⑤] 而一部分学者认为在当前发展低碳经济，中国面临的机遇大于挑战，比如姜克隽（2009）认为，中国发展低碳经济的一个非常有利的条件就是成本优势。这首先是因为大量的减排技术在中国应用时，其成本低于发达国家。再者，中国经济具有后发优势，与老的传统工业国家相比，在扩张过程中，建立新企业新设备的成本要比改造更新旧企业旧设备的成本低。[⑥] 四是如何实现低碳经济。学者们从低碳政策、产业结构调整、环境与金融、低碳城市、低碳消费、低碳生活方式等各方面都探讨了实现低碳经济的途径。但综观以上研究，对低碳经济基本都是限于理论分析，很少进行实证分析，而且至今并没有形成低碳经济理论的完整研究体系。

[①] 刘华荣：《我国低碳经济发展模式研究》，湖南大学博士学位论文，2011 年。

[②] 卢红兵：《循环经济与低碳经济协调发展研究》，中共中央党校博士学位论文，2013 年。

[③] 刘世锦：《当前发展低碳经济的重点与政策建议》，《中国科技投资》2010 年第 1 期。

[④] 庄贵阳：《中国经济低碳发展的途径与潜力分析》，《国际技术经济研究》2005 年第 3 期。

[⑤] 金乐琴、刘瑞：《低碳经济与中国经济发展模式转型》，《经济问题探索》2009 年第 1 期。

[⑥] 姜克隽：《中国发展低碳经济的成本优势——2050 年能源和排放情景分析》，《绿叶》2009 年第 5 期。

（二）关于对外贸易环境的研究

关于贸易与环境的关系问题在很早以前就受到关注，国外学者从理论和实证方面都开展了广泛而细致的研究，但仅限于自然环境。Tobey（1990）将环境视作一种资产投入品纳入赫克歇尔—俄林要素模型中，研究环境对贸易的影响。[①] Grossman and Krueger（1993）第一次建立了国际贸易的环境效应理论分析框架，将影响效应分解为规模效应、结构效应和技术效应三个层面，并通过对 42 个国家面板数据的计算分析，发现环境污染与经济增长之间长期呈倒"U"形的曲线关系。[②] Paoayotou（1993）也进一步证实了这一结论，并将此曲线称为环境库兹涅茨曲线（The Environmental Kuznets Curve，简称 EKC）。[③] Copeland 和 Talor（1994）单独将各国收入差别这一影响因素加以分析，结果表明自由贸易会引起真实收入的增加，但同时也会改变一国的产出结构从而导致环境污染程度的改变。[④] Chilchilnisky（1994）研究了贸易对环境的影响和产权关系问题，得出如果私人产权不明晰，则自由贸易会加速破坏发展中国家的环境资源甚至威胁到全球环境。[⑤] Dean（2007）通过联立方程模型度量了中国对外贸易对环境的影响，发现短期内贸易自由化会恶化环境，但长期则有利于减少污染。[⑥] Mani 和 Wheeler（1998）考察了 1960—1995 年世界主要经济体的贸易生产模式、收入增长等与环境规制的关系，得出污染密集

---

① Tobey, J. A., The effects of domestic environmental policies on patterns of world trade: an empirical test, 1990, 43: 191 – 209.

② Grossman, G. M., Krueger, A. B., Environmental Impacts of A North American Free Trade Agreement, in P. Garber, ed., The US-Mexico Free Trade Agreement, Cambridge, MA: MIT Press, 1993.

③ Paoayotou, Empirical tests and policy analysis of environment degradation at different stages of economic development, World Employment Programme Research Working Paper, WEP222/WP 238, 1993.

④ Colpeland, B. R. & M. S. Taylor, North-South Trade and the Environment, *Quarterly Journal of Economics* 109, 1994, pp. 755 – 787.

⑤ Chiehilnisky, G., North-South Trade and the Global Environment, *American Economic Review* 9, 1994, pp. 851 – 874.

⑥ Dean, Judith M., Trade Growth, Production Fragmentation, and China's Environment, Working Paper, 2007.

型产业的产出在整个制造业中的占比在经济合作组织（OECD）成员国是下降的，但在发展中国家却稳步上升。[①] Dua 和 Esty（1997）提出"污染避难所"的说法，即认为全球自由贸易化会使很多国家纷纷降低各自的环境质量标准以维持或增强本国产品出口竞争力，因此会出现"向底线赛跑"。更重要的是，一国严格的环境政策会迫使污染严重产业向管制宽松的国家转移，这样会使发展中国家成为"污染避难所"。[②] Robision（1998）也指出由于美国污染控制较严格已引起美国贸易模式发生变化，即进口更多污染成本高的商品，从而减少国内对自然资源的消费。[③] Antweiler 等（2001）运用回归分析法研究得出贸易自由有利于环境保护。[④] Dasgupta et al.（2002）研究发现严格的环境管制会使经济增长的每一时期都低于无管制的排放水平，因此拐点可能提前出现，EKC 曲线就会变得较为平坦且处于相对较低的位置。[⑤] Copeland 和 Talor（2003）使用两国的一般均衡模型分析得出，产权不清晰的国家由于利用环境资源的成本相对较低，因此容易过度开采环境资源以增加出口，从而对外贸易会使它们遭受损失，却使产权明晰的国家通过进口初级产品获得环境利益。[⑥]

相比之下，国内关于国际贸易与环境问题的研究起步较晚。相关研究得出的结论并不一致。一种观点认为，对外贸易会导致中国环境的恶化，如杨万平、袁晓玲（2008），邓柏盛、宋德勇（2008）分别

[①] Mani, M. and D. Wheeler, In Search of Pollution Heavens? Dirty dustry in the World Economy, 1960－1995, *Journal of Environment and Development*, Vol. 7, No. 3, 1998, pp. 215－247.

[②] Dua, A. and Esty, Sustaining the Asia Pacific Miracle, Washington, D. C., Institute for International Economics, Working Paper, 1997.

[③] Robinson, D., Industrial Pollution Abatement: the Impact on Balance of Trade, *Canadian Journal of Economics*, XXI, No. 1, 1988.

[④] Antweiler, W., The Pollution Terms of Trade, *Economic Systems Research* 8（4）, 1996, pp. 361－365.

[⑤] Dasgupta, S., LaPlante, B., Wang, H., et al., Confronting the Environmental Kuznets Curve, *Journal of Economic Perspectives* 16（1）, 2002, pp. 147－168.

[⑥] Copeland, B. R. & M. Scott Taylor, Trade and the Environment: Theory and Evidence, Princeton University Press, 2003.

运用中国数据，得出对外贸易恶化了中国环境的结论。[1][2] 许广月、宋德勇（2010）运用 1980—2007 年数据，也发现长期内出口贸易是碳排放的主要因素，从而印证了"污染天堂假说"和中国"转移排放"。[3] 另一种观点却认为贸易自由化有利于中国的环境保护。如马丽、刘卫东、刘毅（2003）选用沿海地区 12 个省市 1998—2001 年的数据进行分析发现，在中国沿海地区，国际贸易是减缓其资源环境压力加大的主要贡献力量之一。[4] 张连众等（2003）、兰天（2004）、李秀香等（2004），分别利用中国面板数据分析得出贸易自由化有利于中国环境保护的一致结论。[5][6][7] 陈继勇、刘威、胡艺（2005）利用 1990—2003 年的相关数据，分析得出贸易开放度对环境污染有显著负效应。[8] 另外，随着中国 FDI 的飞速发展，有些学者从 FDI 角度分析得出其对环境的负效应作用。如杨海生等（2005）运用面板数据得出了贸易自由化与环境之间的负向关系、FDI 与污染物排放之间存在显著的正相关结论，认为外贸在改善环境质量而 FDI 在恶化环境质量，FDI 的引入将加大中国越过 EKC 顶点的难度。[9] 吴玉鸣（2003，2007）也运用中国 30 个省的面板数据分析得出 FDI 在恶化中国环境

① 杨万平、袁晓玲：《对外贸易、FDI 对环境污染的影响分析——基于中国时间序列的脉冲响应函数分析》，《国际贸易问题》2008 年第 12 期。

② 邓柏盛、宋德勇：《我国对外贸易、FDI 与环境污染之间关系的研究：1995—2005》，《国际贸易问题》2008 年第 4 期。

③ 许广月、宋德勇：《我国出口贸易、经济增长与碳排放关系的实证研究》，《国际贸易问题》2010 年第 1 期。

④ 马丽、刘卫东、刘毅：《外商投资与国际贸易对中国沿海地区资源环境的影响》，《自然资源学报》2003 年第 5 期。

⑤ 张连众、朱坦、李慕茜：《贸易自由化对我国环境污染的影响分析》，《南开经济研究》2003 年第 3 期。

⑥ 兰天：《贸易与跨国界环境污染》，经济管理出版社 1998 年版。

⑦ 李秀香、张婷：《出口增长对我国环境影响的实证分析——以 CO_2 排放量为例》，《国际贸易问题》2004 年第 7 期。

⑧ 陈继勇、刘威、胡艺：《论中国对外贸易、环境保护与经济的可持续增长》，《亚太经济》2005 年第 4 期。

⑨ 杨海生、贾佳、周永章等：《贸易、外商直接投资、经济增长与环境污染》，《中国人口·资源与环境》2005 年第 3 期。

的结论。[1] 宋德勇、易艳春（2011）也发现 FDI 虽然因其技术外溢在一定程度上改善了中国环境质量，但都集中在污染密集型产业。[2] 还有学者认为贸易对环境效应非常复杂，不能简单地认定为单一的正面效应或负面效应。如沈荣珊等（2006）采用了 34 个发展中国家贸易开放的环境效应，发现自由贸易自由化的规模效应是负的，但在技术效应和结构效应的共同作用下，环境污染却会减少。[3] 陈红蕾、陈秋峰（2007）也以 SO_2 排放量为污染指标对中国贸易开放度的环境效应进行了实证研究，结果表明规模、结构和技术效应共同作用下可以减少污染排放。[4] 沈利生、唐志（2008）同样以 SO_2 排放量为污染指标，利用投入产出模型实证分析得出对外贸易有利于中国污染减排，但因出口产品结构的恶化导致对外贸易污染排放的逆差，而对外贸易增长速度快于减排技术进步速度使得出口产品的污染排放总量依然在上升。[5]

（三）关于低碳经济对对外贸易环境影响的研究

目前国内外直接研究此问题的文献基本欠缺，但有关对外贸易隐含碳、"碳关税"等问题研究颇多。国外学者关于对外贸易隐含碳问题的研究，主要从最终消费的角度，通过研究进出口贸易产品中隐含碳和隐含能对环境的影响，用以说明是否存在"碳泄漏"及污染转移等事实。Schaeffer et al.（1996）计算出 1972—1992 年巴西进出口贸易中的隐含碳流，发现存在"碳泄漏"与污染转移。[6] Machado et al.（2001）也利用计算评估了巴西进出口贸易中 CO_2 排放量和能源消耗

---

① 吴玉鸣：《外商直接投资对环境规制的影响》，《国际贸易问题》2006 年第 4 期。

② 宋德勇、易艳春：《外商直接投资与中国碳排放》，《中国人口·资源与环境》2011 年第 1 期。

③ 沈荣珊、任荣明：《贸易自由化环境效应的实证研究》，《国际贸易问题》2006 年第 7 期。

④ 陈红蕾、陈秋峰：《我国贸易自由化环境效应的实证分析》，《国际贸易问题》2007 年第 7 期。

⑤ 沈利生、唐志：《对外贸易对我国污染排放的影响——以二氧化硫排放为例》，《管理世界》2008 年第 6 期。

⑥ Schaeffer, Roberto and André P Leal de Sá, The embodiment of carbon associated with Brazil imports and exports, *Energy Conversion and Management* 1996, 37 (6 – 8): 955 – 960.

的影响,发现 1995 年巴西每单位价值出口商品中所隐含的能源和碳要比进口商品分别高 40% 和 56%。[1] Mongeili et al. (2006) 也以产品部门为基础,计算了意大利贸易商品中所含的能源和 CO_2,验证了"污染天堂"假说。[2] Mukhopadhyay (2005) 运用印度的投入产出表,计算了印度的相关贸易污染指数,得出印度并不是污染避难所的结论。[3] Kander & Lindmark (2006) 计算了 1950—2000 年瑞典对外贸易中的隐含能和隐含碳,发现瑞典是隐含碳的净出口国。[4] 此外,对日本 (Konda et al., 1998)、[5] 澳大利亚 (Lenzen, 1998)[6]、墨西哥 (Gale, I. V. & R. Lewis, 1995)、[7] 西班牙 (Choliz & Duarte, 2004)、[8] 挪威 (Peters & Hertwieh, 2006)、[9] 泰国 (Kakali Mukhopadhyay, 2006)[10] 等国家隐含流的研究也揭示了贸易对各国环境的影响。但单独对隐含碳的研究一般主要集中于能源消费导致的碳排放,不包括其他来源的碳排放。Ahmad & wyckoff (2003) 提出了一个基于投入产出表的贸易

[1]　Machado, Giovani, Roberto Schaeffer and Ernst Worrell, Energy and carbon embodied in the international trade of Brazil: an input-output approach, *Ecological Economics* 2001, 39 (3): pp. 409 – 424.

[2]　Mongeli I., G. Tassielli, B. Notarnicola, Global warning agreements, international trade and energycarbon embodiments: an input-output approach to Italian case, *Energy Policy*, 2006, 34 (1): pp. 88 – 100.

[3]　Kakali Mukhopadhyay, Debesh Chakraborty, Enviorment Impacts of Trade in India, *The International Trade Journal* 2005, 19 (2): pp. 135 – 163.

[4]　Kander A., Lindmark M., Foreign trade and declining pollution in Sweden: a decomposition analysis of long-term structural and technological effects, *Energy Policy*, 2006, 34 (13): pp. 1590 – 1599.

[5]　Konda Y., Moriguchi Y., Shimizu H., CO_2 emissions in Japan: Influences of imports and exports, *Applied Energy*, 1998, 59 (2 – 3): pp. 163 – 174.

[6]　Lenzen M., Primary energy and greenhouse gases embodied in Australian final consumption: An input-output analysis, *Energy Policy*, 1998, 26 (6): pp. 495 – 506.

[7]　Gale, I. V. and R. Lewis, Trade liberalization and pollution: an input-output study of carbon dioxide emissions in Mexico, *Economic Systems Research*, 1995, 7 (3): pp. 309 – 320.

[8]　Choliz J. S., R. Duarte, CO_2 emission embodied in international trade: evidence for Spain, *Energy Policy*, 2004, (32): pp. 1999 – 2005.

[9]　Peters G. P., Hertwich E. G., Pollution embodied in trade: The Norwegian case, *Global Enviormental Change*, 2006, (16): pp. 379 – 387.

[10]　Kakali Mukhopadhyay, Impact on the Environment of Thailand's Trade with OECD Countries, *Asia-Pacific Trade and Investment Review*, 2006, 2 (1): pp. 25 – 46.

模型，对 65 个国家 1995 年 CO_2 排放数据进行了分析，指出中国是对 OECD 国家隐含碳最大的净输出国，其次是俄罗斯。[1] Shui & Harriss（2006）利用从经济投入产出—生命周期评估软件中获得的 CO_2 排放因子，研究发现 1997—2003 年，中国对美国的出口贸易导致了中国 7%—14% 的 CO_2 排放量。但如果这些商品改由美国自己生产则可能导致美国碳排放增加 3%—6%。说明中美贸易有利于美国减少碳排放量，但因中国的高能耗与高碳强度导致了全球 CO_2 排放的增加。[2] Ackerman 等人（2007）研究得出美日贸易减少了全球碳排放，但对其他贸易体而言，美国和日本都是隐含碳净进口国，由此将部分环境负担转移给其他贸易国。[3] 国内近几年才开始了一些相关研究。如廷德尔气候变化研究中心的王涛等人（2007）的研究表明，中国 2004 年大约净出口了 11.09 亿吨的 CO_2，占中国当年碳排放总量的 23%。[4] 陈迎（2008）也研究证明，出口到发达国家的产品所消耗的一次能源及产生的温室气体，占了中国消耗总数的约 1/4。[5] 齐晔等人（2008）运用投入产出法，估算发现中国在 1997—2006 年一直都是隐含碳净出口国，特别在 2004 年后，中国隐含碳净出口占当年碳排放总量的比例迅速增加，由 1997—2004 年的 0.5%—0.7% 猛增至 2006 年的近 10%。[6] 孙小羽、臧新（2009）也研究得出中国的出口贸易承载着越来越多的世界能源消耗和 CO_2 等温室气体的排放转移。[7]

[1] Ahmad N. , Wyckoff A. , Carbon dioxide emissions embodied in international trade of goods, STI working paper 15, OECD directorate for science, Technology and Industry, Paris, 2003.

[2] Bin Shui, Robert C. Harriss, The role of CO_2 embodiment in US-China trade, *Energy Policy*, 2006, 34 (18): pp. 4063 –4068.

[3] Ackerman F. , Ishikawa M. , Suga M. , The carbon content of Japan-US trade, *Energy Policy*, 2007, 35 (9): pp. 4455 –4462.

[4] Wang Tao, Who owns China's carbon emission, Sussex Energy Group and Tyndall Centre for Climate Change Research, 2007.

[5] 陈迎、潘家华、谢来辉：《中国外贸进出口商品的内涵能源及其政策含义》，《经济研究》2008 年第 7 期。

[6] 齐晔、李惠民、徐明：《中国进出口贸易中的隐含碳估算》，《中国人口·资源与环境》2008 年第 8 期。

[7] 孙小羽、臧新：《中国出口贸易的能耗效应和环境效应的实证分析》，《数量经济技术经济研究》2009 年第 4 期。

"碳关税"问题，国外关于"碳关税"的研究相对较多，Shui and Harriss（2006）估算出如果从中国进口的产品改由美国自己生产，那么美国的碳排放就会增加3%—6%，而中国7%—14%的碳排放量是由美国消费产生的。[1] Peters and Hertwich（2008）测算了GTAP六国2004年对外贸易商品的隐含碳。其中，中国出口贸易中的净隐含碳占了其整体排放的17.8%，而美国进口产品中的碳含量占其排放总量的7.3%，日本与德国分别为15.3%和15.7%。[2] Pan et al.（2008）也计算出中国2006年净碳出口为1.7Gt。[3] 这些研究表明从碳消费角度考虑，实施"碳关税"可能是减少全球碳排放量的较好途径。但另外一些学者如Bhagwati and Mavroidis（2007），却从经济、法律、政治等角度质疑实施"碳关税"的可行性。[4] Alexeeva-Talebi et al.（2008a）运用CGE模型，计算得出结论：边境调节税可以更有效地保护国内产业竞争力，而一体化的碳排放交易机制更能减少国外的碳排放。[5] Alexeeva-Talebi et al.（2008b）模拟欧洲的碳排放交易机制市场得出其比边境调节税更为有效的结论。[6] Manders and Veenendaal（2008）发现在欧盟碳排放交易机制下实施边境调节税可以有效减少"碳泄漏"，也对欧盟有利，但对其他国家会造成福利损失。[7] Michael

---

[1] Bin Shui, Robert C. Harriss, The role of CO$_2$ embodiment in US-China trade, *Energy Policy*, 2006, 34（18）: pp. 4063 – 4068.

[2] Peters G. P. , Hertwich E. G. , CO$_2$ embodied in international trade with implications for global climate policy, *Environmental Science Technology Policy*, 2008, 42: pp. 1401 – 1407.

[3] Pan, J. , J. Phillips and Y. Chen, China's balance of emissions embodied in trade: approaches to measurement and allocating international responsibility, *Oxford Review of Economic Policy*, 2008, 24（2）: pp. 354 – 376.

[4] Bhagwati, J. and P. C. Mavroidis, Is action against US exports for failure to sign Kyoto Protocol WTO-legal? *World Trade Review*, 2007, 6（2）: pp. 299 – 310.

[5] Alexeeva-Talebi, V. , A. Loschel and T. Mennel, Climate Policy and the Problem of Competitiveness: Border Tax Adjustments or Integrated Emission Trading? ZEW Discussion Paper No. 08 – 061, 2008, p. 33.

[6] Alexeeva-Talebi, V. , N. Anger and A. Loschel, Alleviating Adverse Implication of EU Climate Policy on Competitiveness: The Case for Border Tax Adjustments or the Clean Development Mechanism? ZEW Discussion Paper No. 08 – 095, 2008, p. 26.

[7] Manders, T. and P. Veenendaal, Border tax adjustments and the EU-ETS-A quantitative assessment, CPB Document No. 171, 2008, p. 36.

Hübler（2009）运用 2004 年 GTAP 七国的数据测算了商品贸易的隐含碳。其中，发达国家进口商品中隐含碳占其整个碳排放量的 15%，发展中国家出口产品隐含碳占其碳排放的 12%，而中国的出口商品隐含碳占其整体碳排放的 24%，并指出 BTAs（"碳关税"）对减少全球碳排放几乎不起任何作用。[1] Niven Winchester, Sergey Paltsey & Jonh Reilly（2010）运用一个拓展的经济模型估测出，到 2025 年实施边境调节税（"碳关税"）可以减少 2/3 的"碳泄漏"，但对全球碳排放量的减少作用甚微，却会减少全球福利效应。并指出实施"碳关税"减少"碳泄漏"的成本代价较高，可通过其他成本更小的举措来达到减少"碳泄漏"，但其可取的是也许它可作为一种强制政策实施。[2] 国内学者们的研究多为定性分析，主要集中在"碳关税"提出的目的与本质，合法合理与否，以及对中国有何影响等方面。[3][4][5][6][7]

三 本书的研究思路、文章结构和研究方法

（一）研究思路

从以上研究文献可见，虽然现有相关研究甚多，但总体而言，有关低碳经济对中国对外贸易环境的影响的系统研究较少。因此，本书在借鉴国内外现有研究成果的基础上，分别从对外贸易结构、"碳关税"及非关税贸易壁垒角度，对低碳经济对中国对外贸易环境造成的影响进行较为系统的论述。本书总体共分四部分，共六章。第一部分为绪论，主要阐述了本书写作的背景意义、研究方法，包括第一章；第二部分为基础理论问题，主要探讨了低碳经济

---

[1] Michael Hübler, Can Carbon Based Import Tariffs Effectively Reduce Carbon Emissions? Kiel Working paper No. 1565, October 2009.

[2] Niven Winchester, Sergey Paltsey and Jonh Reilly, Will border carbon adjustments work? 13th Annual Conference Paper on Global Economic Analysis, Malaysia, 2010.

[3] 陈新平、周劲松：《碳关税若干问题研究》，《宏观经济管理》2009 年第 12 期。

[4] 李静云：《"碳关税"重压下的中国战略》，《环境经济》2009 年第 9 期。

[5] 孙霈：《美国征收碳关税对中国的影响及应对措施》，《太原科技》2009 年第 9 期。

[6] 王海萍：《贸易保护的创新与"碳关税"的登场》，《管理观察》2009 年第 4 期。

[7] 谢来辉：《美国挥舞"碳关税"大棒：意在中国》，《世界环境》2009 年第 4 期。

理论与对外贸易环境理论的基础内容，包括第二章和第三章；第三部分立足于国际视野探讨了低碳经济对全球国际贸易环境的影响，包括第四章；第四部分具体分析了低碳经济对中国对外贸易环境的影响以及发展低碳经济，优化中国对外贸易环境的路径与对策，包括第五章和第六章。

（二）文章结构及主要内容

全文共六章。

第一章为绪论。主要解释了本书的研究背景与意义，回顾本书研究涉及的国内外研究现状，确定本书的研究思路、研究方法、文章结构与主要创新点。

第二章主要论述了低碳经济的基础理论问题。首先分析了低碳经济提出的背景和相关理论基础，尤其是低碳经济理论产生的国际经济环境及发展低碳经济的积极意义，并对其定义与内涵进行了概括和介绍。着重分析了“碳关税”问题。“碳关税”作为低碳经济时代的产物，将给当今的国际经济秩序制造新的争端与分歧，改变国际贸易的规则与环境。本章对西方各主要大国，例如美国、欧盟、日本、英国的低碳经济战略与政策进行了研究，指出它们在制定与实施低碳经济战略与政策方面，在低碳技术、资金、人才、碳交易市场等方面抢占了先机，并利用其形成的先发优势，出台各种碳贸易规则与政策，将给发展中国家的对外贸易发展设置种种障碍与壁垒。

第三章主要论述了对外贸易环境问题。笔者认为，对外贸易环境可分为对外贸易的自然环境和对外贸易的社会环境。对对外贸易环境，特别是对外贸易的社会环境进行了界定，总结了当今对外贸易社会环境的新变化，指出这些新变化有利于国际贸易的发展。从自然环境与社会环境两方面分析了环境与对外贸易的关系。目前，理论界一致公认国际贸易会影响自然环境，而且学术界对国际贸易活动是否有利于保护环境，及其影响机制与途径进行了大量研究，得出国际贸易活动对环境的最终影响是结构效应、规模效应、技术效应、商品效应等多种效应的综合影响，可能对自然环境有利，也可能会破坏自然环境。另一方面，可将国际贸易社会环境视作一种新型的投入要素，参与国际贸易的全过程，而且国际贸易社会环境对于国际贸易具有决定性的作用。因此，本书侧重于国际贸易的社会环境，从对外贸易结构、"碳关税"及非关税壁垒三方面分析低碳经济带来的国际贸易环境的新变化以及这种变化将如何影响国际贸易发展。

第四章主要论述了低碳经济对国际贸易环境的影响。从对外贸易结构、"碳关税"及环境壁垒三方面考察了由低碳经济引起的主要贸易强国与地区（美国、日本、欧盟）外贸环境的变化。对外贸易结构方面，主要分析了美国、日本及欧盟三个贸易强国与地区近年来对外贸易结构的特点与变化，以及它们碳排放量的变化趋势，指出各国与地区因为贸易额的增多，碳排放量也增多。但由于上述国家和地区进出口商品结构中，工业制成品所占比重较大，且工业制成品中低耗能、低排放产品居多，说明发达国家的贸易产业结构已得到优化，贸易商品碳排放量小。因此它们可以利用这种优势给发展中国家，特别是中国施加减排压力，利用"碳关税"及各种碳标准等非关税手段制造新的贸易壁垒，使得中国对外贸易环境变得更加严峻。本书还运用了变系数不变截距模型对世界主要贸易大国的产业结构与碳排放量的关系进行了实证分析，从而间接分析其对外贸易结构与低碳经济的数量关系。得出要发展低碳经济，必须视国情合理选择主导产业，加快产业结构与对外贸易结构的调整以优化对外贸易环境的结论。"碳关税"及环境壁垒方面，主要考察了美国、日本、欧盟等国家和地区对"碳关税"的态度，及它们目前正在以低碳经济的名义，实施各种贸易壁垒，指出"碳关税"与非关税贸易壁垒将使国际贸易环境愈加复杂化。

第五章具体分析了低碳经济对中国对外贸易环境的影响。首先对中国进出口商品结构进行了一般分析，得出中国出口产品主要以高耗能、高排放的工业制成品为主，而进口商品多以低耗能、低排放的机电产品和高新技术产品为主。并运用投入产出分析工具，按28个产业出口类别计算了中国1997年、2002年、2007年各类出口产品的隐含碳，结果表明中国出口产业主要集中在化学原料及化学制品制造业、非金属矿物制品业、黑色金属冶炼及压延加工业、有色金属冶炼及压延加工业、石油加工炼焦及核燃料加工业、电力热力的生产和供应业六大高耗能、高排放行业。说明中国外贸商品结构不够合理，必须调整中国外贸商品结构，减少出口产品隐含碳排放量。接着，运用多元线性回归模型对中国产业结构与低碳经济的关系进行了实证分析，从而间接分析了中国外贸结构与低碳经济的关系。结果表明中国第三产业的增长会降低碳排放量，因此要大力发展服务贸易，才能赢得更宽松的外贸环境。由于中国出口产品基本集中在高碳产品，一旦外国实施"碳关税"，中国出口产品将面临碳壁垒，出口竞争力将减弱。而且随着低碳经济的发展，各发达国家会不断利用低碳技术标准及碳标识等非关税壁垒手段对中国出口商品进行限制。因此，必须调整中国进出口商品结构，减少中国出口产品隐含碳排放量，积极应对"碳关税"，发展服务贸易，发展绿色贸易，才能从容面对日益复杂的外贸环境。

第六章主要探讨了优化中国对外贸易环境所面临的挑战与机遇，以及具体的实现途径与对策。一方面，中国国力增强，国际地位不断提升，已成为"坐二望一"的贸易大国，低碳经济的实施也为中国对外贸易的持续发展提供了新的机会和增长点；另一方面，作为新崛起的贸易大国，在目前世界经济低迷时期，中国在发达国家追求与实施低碳经济的过程中，将面临许多新的挑战。因此，中国必须积极开展"环境外交"，参与国际贸易规则的制定，并大力发展低碳经济，赢取更多国际话语权，实施新的对外贸易战略和政策，才能保证对外贸易环境的优化，实现中国对外贸易与经济社会的持续和健康发展。

（三）研究方法

本书既注重理论的研究，也重视对历史和现实的材料分析，把二者有机、辩证地结合起来，从理论和实证的角度，运用大量翔实、可靠、新颖的统计数据，研究低碳经济对中国对外贸易环境影响的问题。在归纳、总结并借用、发展前人已有研究成果的理论观点及结论基础上，提出一些新的理论观点，并用定性方法加以阐述。

四 创新点与不足

（一）创新点

1. 本书比较全面系统地分析了低碳经济的基础理论，以及西方主要发达国家发展低碳经济的理论与实践，为我国低碳经济的发展提供了参考。并把低碳经济的发展目标与我国的经济、贸易发展转型结合起来分析和研究，从而阐明了优化中国对外贸易环境的必要性。

2. 本书试图从对外贸易结构、"碳关税"及非关税壁垒三方面对当前热点问题"低碳经济对中国对外贸易环境的影响"进行较为系统的分析，并得出如下结论：当前西方发达国家对低碳经济的追求与实施，使中国对外贸易环境日趋复杂与严峻，中国必须发展低碳经济，调整外贸结构，突破"碳关税"和与之相关的其他非关税壁垒，才能适应新的外贸环境，才能保证中国对外贸易与经济的可持续发展。

3. 本书选取产业结构角度来实证分析低碳经济与对外贸易商品结构的关系。运用类似似乎不相关回归方法（Cross-section SUR），构建产业结构调整对 CO_2 排放量影响的变系数不变截距模型，利用七个国家的面板数据进行了实证分析，结果表明各国产业结构的变化对碳排放量的影响程度不一，而且各个产业的发展均会增加 CO_2 排放量，但第一、二、三产业的影响度逐次递减。因此要发展低碳经济，必须视国情合理选择主导产业，加快产业结构与对外贸易结构的调整以优化对外贸易环境。

4. 本书运用投入产出分析工具，按 28 个产业出口类别对中国出口各类产品的隐含碳排放进行了实证分析。结果表明，中国出口产品大多集中在高碳产品，中国的主要贸易伙伴一旦实施"碳关税"，中国的出口产品将面临碳壁垒，影响中国商品的出口竞争力。因此，必须调整中国的进出口商品结构，走科技兴贸之路，积极发展绿色贸易。

5. 本书运用多元线性回归模型对中国产业结构与低碳经济的关系进行了实证分析，从而间接分析了中国外贸结构与低碳经济的关系。得出中国第三产业碳排放量最低的结论,大力发展服务贸易,减少中国出口的碳排放量有利于优化中国的对外贸易环境,促进我国低碳经济发展目标的实现。

(二)不足之处

由于低碳经济对中国对外贸易环境影响的选题较新,搜集与占有的资料较少,而且现有资料中很多都流于新闻报道形式,因此收集分析资料相当困难,特别是收集涵盖各种领域且进行综合分析的资料更难。文章在尽量占有各种现有资料与数据的情况下,仍觉占有资料不全难以进行全面深入分析,导致理论分析不够系统与深入,实证分析也有待进一步完善,这些势必会影响到本书分析的客观性。

第二章　低碳经济的基础理论问题

"低碳经济"自 2003 年首次出现后，一直为全球关注。由于其涉及气候、经济、政治、贸易、技术、环境等各个领域，各国政府、各类学者都相继探讨其相关的理念及意义，从理论与实践上不断地予以丰富与发展，试图完善其相关理论体系。但目前依然处于探讨完善阶段，尚未形成一整套成熟的理论体系。而低碳经济的出现与兴起，在当前全球化、新的国际经济与政治秩序正在形成的背景下，必然对国际贸易规则、国际贸易环境产生新的影响。

第一节　低碳经济的理论基础

低碳经济作为一种全球为应对气候变化提出的全新经济、社会发展形态，国内外学者、专家试图通过不同的理论机理阐述其内涵和发展的必要性、重要性、可能性及发展态势等，构成了低碳经济的重要理论基础，为我们进一步研究与实施低碳经济提供了重要的理论基础与借鉴指导。

一　可持续发展理论

可持续发展理论是 20 世纪关于人类与社会发展的一种新的理论。1972 年罗马俱乐部在《增长的极限》中提出经济增长已临近自然生态极限。[①] 世界环境和发展委员会（WCED）在 1978 年的文件中首次

---

① 晏路明：《人类发展与生存环境》，中国环境科学出版社 2001 年版。

正式使用了可持续发展概念，由此拉开了注重经济增长、人口与环境平衡发展的序幕。而直到 1987 年布伦特兰夫人在她任主席的联合国世界环境与发展委员会的报告《我们共同的未来》（Our Common Future）中对可持续发展的定义与战略进行了详细的描述，可持续发展才对世界发展政策及思想界产生重大影响。报告中，将可持续发展定义为："可持续发展是既满足当代人的需要，又不对后代满足其需要的能力构成危害的发展"，这个影响最大、流传最广的定义，包含了可持续发展的三个原则：公平性原则（fairness）、持续性原则（sustainable）、共同性原则（common），并强调了人类要发展，尤其是穷人要发展，但发展要有限度，不能危及后代人的生存和发展的基本观点。1989 年"联合国环境规划署"（UNEP）通过了《关于可持续发展的声明》，专门提出可持续发展的定义及其战略，主要包括四个方面的内容：一是走向国家和国际平等，二是要有一种支援性的国际经济环境，三是维护、合理使用并提高自然资源基础，四是在发展计划和政策中纳入对环境的关注和考虑。总之，可持续发展就是建立在社会、经济、环境、人口、资源相互协调和共同发展基础上的既能相对满足当代人需求，又不能危害后代人发展的一种发展。

1992 年 6 月巴西里约热内卢举行"联合国环境与发展大会"（UNCED），183 个国家和 70 多个国际组织的代表出席了大会，这是人类有史以来最大的一次国际会议。大会通过了《21 世纪议程》，探讨了可持续发展 40 个领域的问题，并提出了 120 个实施项目。这表明可持续发展已经获得全世界最广泛的认同，超越了国界、超越了意识形态、超越了文化和民族，也标志着可持续发展理论成功走向实践。1993 年，中国政府为落实联合国大会决议，制定了《中国 21 世纪议程》，指出"走可持续发展之路，是中国在未来和 21 世纪发展的自身需要和必然选择"。1996 年 3 月，中国第八届全国人民代表大会第四次会议通过的《中华人民共和国国民经济和社会发展"九五"计划和 2010 年远景目标纲要》，明确把"实施可持续发展，推进社会主义事业全面发展"作为战略目标。其他各国也纷纷加快了可持续发展实践的步伐。由此，可持续发展理论已进入一个与实践互动的新时期，被广泛地利用于国家和地区长期发展战略目标的制定。

二　生态足迹理论

1992 年加拿大生态经济学家里斯（Willan E. Rees）教授提出了生态足迹（Ecological Footprint，简称 EF）的概念，并由其博士生 M. 魏克内格（Wackernagel）完善，主要是从一个全新的角度定量测度区域的可持续发展状况。生态足迹是指生产某人口群体所需物质资料需要消耗的所有资源和吸纳由此人口群体产生的废弃物，所需要的具有生物生产力的所有地域空间。它们构建了计算生态足迹与生物承载力的模型，通过计算比较某个区域生态足迹总供给与总需求之间的差值来反映不同区域对全球生态环境现状的贡献。

如果生态足迹大于生物承载力，则生态环境具有不可持续性，会危及生态安全，从而引致社会经济发展的不可持续性。反之，生态安全则持续稳定，可以支撑社会经济可持续发展。运用生态足迹理论可以准确清晰地判断出某个国家或区域的发展是否处于生物承载力范围内。因此该理论一出现就受到不少学者与社会各界的青睐，进行了很多探讨与研究。由生态足迹理论逐渐引申出了"碳足迹"的概念，主要用于衡量各种人类活动产生的温室气体排量。"碳"用得越多，说明排放的二氧化碳和其他温室气体也就越多，"碳足迹"也就越大，从而导致地球变暖。从本质上讲，"生态足迹"与"碳足迹""内涵碳排"是类似的概念。

三　脱钩理论

1966 年，德国学者提出了关于经济发展与环境压力的脱钩问题，首次将脱钩概念引入社会经济领域。大量关于经济增长与物质消耗的研究表明，一国或一地区在发展工业化初期，物质消耗总量与经济总量保持同比增长甚至增长更快，但在某个特定阶段后会出现反向变化，即经济增长时物质消耗并不同步增长，而是呈下降趋势，出现倒"U"形曲线，这就是著名的脱钩理论。近年来，脱钩理论被进一步拓展到研究能源与环境、循环经济、农业政策等多个领域，并取得了阶段性成果。目前，则主要被用来分析经济发展与资源消耗之间的关系。从脱钩理论看，通过发展低碳经济，大幅度提高各种资源生产率和环境生产率，同时实现较少的水、地、能、材消耗，较少的污染排放与较好的经济社会发展是可能的。

四　城市矿山理论

日本东北大学选矿精炼研究所南条道夫教授等提出了"城市矿山"的概念。"城市矿山"是指蓄积在废旧电子电器、机电设备等产品和废料中的可回收金属。按城市矿山理念统计，目前，日本黄金可回收量达6800吨，超过世界黄金储量最大的南非，约占世界总储量（42000吨）的16%；银可回收量为60000吨，超过了储量世界第一的波兰，占全世界总储量的23%；目前面临资源枯竭的稀有金属铟，是一种用于制作液晶显示器和发光二极管的原料，在日本的藏量却位居世界首位，约占全世界储量的38%。同样，铅的藏量也位居世界首位。可见，日本虽然是一个资源贫乏国，但就其废旧物品所蕴含的大量资源看，却俨然一座"城市矿山"。

他们还指出，目前这些"城市矿山"资源大多是已使用报废后被丢弃的工业制品，而类似这样的废物数量巨大，是沉睡在城市里的"矿山"，它比原来意义上的矿山更具价值。日本现已对很多产品都提出了金属回收计划，包括液晶显示器和汽车等。事实上，城市矿山理论与新中国成立后提出的"再生资源综合利用"和目前循环经济中的"静脉产业"理论是相通的。城市矿山理论为我们依靠技术创新和政策支持、提高能源效率、加强再生资源利用、实现高碳向低碳经济发展转变提供了重要参考。

第二节　低碳经济的提出及其内涵

2003年2月24日，英国政府发表了《能源白皮书》（UK Government 2003），题为《未来能源——创建低碳经济》，首次提出"低碳经济"的概念。文中指出，低碳经济是通过更少的自然资源消耗和更少的环境污染，获得更多的经济产出；是创造更高的生活标准和更好的生活质量的途径和机会，也为发展、应用和输出先进技术创造了机会，同时也能创造新的商机和更多的就业机会。[①] 低碳经济的提出，立即引起了国际社会的广泛关注，这缘于其当时提出的国际社会发展大背景及其重大意义。

一 提出的背景

（一）应对气候变化，全球达成共识

气候变化问题是 21 世纪人类社会面临的最严峻挑战之一。正如联合国政府间气候变化专门委员会（IPCC）第四次评估报告（AR4）（2007）指出，全球气候变化对众多区域自然环境和人类环境的影响正在出现。[②] 气候变暖引发灾害性气候事件频发，冰川和积雪融化加速，极端气候诸如干旱、洪涝、飓风愈演愈烈，对人类、自然界生物均造成极大的破坏性。而气候变暖的主要原因，IPCC 已逐渐认同为人为因素。AR4 报告称，具有很高可信度的是，自 1750 年以来，人类活动的净影响已成为变暖的原因之一。1850 年以来，人类活动已引起全球温室气体浓度不断增加，从 1970 年至 2004 年期间增加了 70%，而作为最重要的人为温室气体 CO_2 排放量增加了大约 80%。[③] 最新的《2014 年温室气体公告》的监控也显示人为温室气体 CO_2 的浓度再创新高，达到了 397.7ppm，较之 1750 年增加了 43%。[④] 图 2-1 显示，CO_2 浓度和地球表面温度基本呈现正相关性，说明 1958 年到 2015 年间人为排放的大量 CO_2 导致地表温度升高。

---

① "Our Energy Future—Creating a Low Carbon Economy", UK Government 2003.

② IPCC. Climate Change 2007: Synthesis Report, http://www.ipcc.ch/ipccreports/assessments-reports.htm.

③ 政府间气候变化专门委员会（IPCC）第四次评估报告：《气候变化 2007 综合报告》，政府间气候变化专门委员会 2008 年版。

④ 资料来源：《2014 年温室气体公告》。

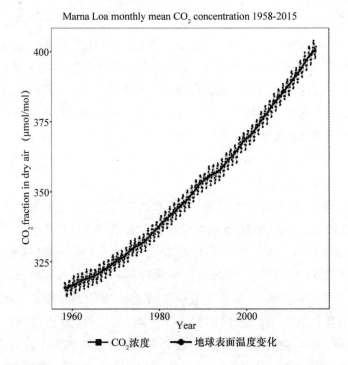

图 2 - 1　1958—2015 年大气中 CO_2 浓度和地表温度的变化

资料来源：https：//en. wikipedia. org/wiki/Climate_ change，维基百科。

　　米歇尔·雅罗（Michel Jarraud）在哥本哈根发布了"2009 年全球气候状况"报告。报告显示，这十年来，只有北美的气温比过去平均气温下降，其他地区的气温都在上升。南亚大部分地区以及中非地区经历了历史上最热的十年。气候变化尤其是气温上升会引发极端气候现象，包括飓风、洪水、干旱、暴雪、热浪、寒潮等，这些极端气候现象十年来不断出现在世界各地。极端气候现象在南非、澳大利亚和南亚出现的频率均超过了以往。[①] 经济合作与发展组织（OECD）于 2007 年年末公布了一份关于全球变暖导致港口城市遭遇洪灾的预测报告。报告警示称，一旦发生百年一遇的暴风雨，预计 2070 年灾民人数将达 1.5 亿人，这近乎是现在的 4 倍，造成的经济损失将高达

————————
　　[①]　新华社哥本哈根 2009 年 12 月 8 日电，http：//www. xinhuanet. com。

35 万亿美元，是现在的 10 倍多。报告预测损失最为严重的是中国（11 万亿美元），其后依次是美国（9 万亿美元）、印度（4 万亿美元）和日本（3 万亿美元）。受灾最严重的城市为美国迈阿密（3.5 万亿美元），紧随其后的是中国广州等亚洲城市。正如一位中国记者所指出的那样，气候变化是一个带有高度"拖延惩罚"的问题，年复一年的拖延，惩罚也就变得越来越大。[①] 面对这样严峻的形势，按照传统的发展观继续发展，不仅我们千辛万苦取得的经济成果可能转瞬化为乌有，这种"发展"之路本身也不能称为发展，而是自我毁灭之路。

因此，如何应对气候变化，保持人类可持续发展成为当前各国共同的热点与难点。而引起气候变化的罪魁祸首——人为大量排放的 CO_2 却主要是由于工业革命以来人类活动特别是发达国家工业化过程大量使用化石燃料造成的。于是在 1972 年，人类在罗马俱乐部发表的《增长的极限》报告中首次反思了高能耗、高污染的传统工业文明和高碳经济的发展方式。1992 年联合国环境与发展大会首次把全球资源环境管理提升到国家发展战略高度，提出了"可持续发展"理念，通过了《联合国气候变化框架公约》，明确提出控制大气中温室气体浓度上升，减少二氧化碳排放是国际社会共同的责任和义务。1997 年，《京都议定书》强制要求发达国家减排，并提出发展中国家"共同承担责任，但是有区别的责任"。但因碳排放总量居全球第一的美国退出此议定书，致使国际气候谈判陷入僵局，《京都议定书》遭遇空前挫折。于是，英国为了打破僵局，着眼于国际气候制度建设提出了"低碳经济"，并希望以此建立起发达国家和发展中国家之间相互理解的桥梁。

实际上，全球气候问题越来越受到国际社会的关注，从《京都议定书》到"巴厘岛路线图"，各国都在为解决气候问题而努力。特别是在经济发展的同时，降低经济增长所带来的二氧化碳排放量已经成为全球共识，向低碳经济转型已经成为世界经济发展的大趋势。法

---

① 吴金勇、刘婷：《气候政治（封面故事）》，《商务周刊》2007 年第 10 期。

国、日本和加拿大等国已经采取相应的政策措施。美国虽然没有明确表示接受或者反对低碳经济的概念，但却一直主张通过技术途径解决气候变化问题，这是与低碳经济的内涵相一致的。可见，应对气候变化是低碳经济提出的最直接、最根本的原因。

（二）全球能源耗竭，引发能源安全

世界经济的发展一直都离不开能源的消耗，特别是对煤、石油等化石能源的严重依赖。以全球第一强国美国为例（见图2-2），自20世纪50年代起至2008年，其GDP的发展与能源消耗一直呈正相关，且能源消费的增长远高于GDP的增长。而化石能源的使用规模和速度与二氧化碳排放量的增长呈线性相关（见表2-1），并正在影响着地球自然生态系统的内在平衡性。另外，当今全球化石能源资源日益枯竭（见图2-3）。从世界能源储量看，化石能源只能开采利用有限的一段时间。如在现有经济技术水平和开采强度下，煤炭可以用200多年，石油可以用40多年。而且其开采利用成本越来越高，对技术的要求也越来越高。因此如何保证经济的持续发展成为世界各国面临的难题。特别是近年来石油价格的高位运行更给世界经济发展带

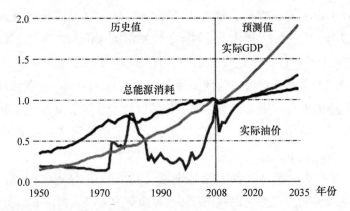

图2-2 美国油价趋势、能源消耗和经济产值，1950—2035年

（年基数2008=1.0）

资料来源：《Annual Energy Outlook 2010 With Projections to 2035》。

来了严峻的挑战，也给美国、欧盟等世界主要经济体带来了通货膨胀的压力，而发展中国家更是面临长期发展与短期经济增长的矛盾，从而引发了全球的能源安全问题。面对这种能源资源危机，只有节能降耗和开发替代能源，发展低碳经济才能使世界经济摆脱对化石能源的高度依赖，也才能使二氧化碳排放量最大的来源（化石燃料）减少从而减少对气候环境的威胁。可见，能源资源的耗竭是发展低碳经济的内在要求。

表 2 - 1　　　　不同的能源形式产生二氧化碳数量的比较

不同燃烧产生二氧化碳的计算方法	煤炭	石油	天然气	可再生能源
燃烧每吨物质产生的二氧化碳（吨）	0.70	0.54	0.39	0
单位热量燃烧产生的二氧化碳（天然气为1）	1.61	1.19	1.00	0

注：可再生能源是指太阳能、风能、水能、生物质能、潮汐能、地热能，等等。

资料来源：John Podesta, Todd Stern, and Kit Batten, Capturing the Energy Opportunity, Creating a Low - Carbon Economy, Part of Progressive Growth, CAP's Economic Plan for the Next Administration, 2007.

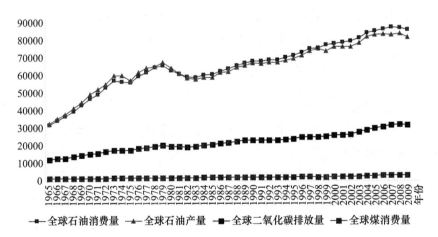

—■— 全球石油消费量　—▲— 全球石油产量　—■— 全球二氧化碳排放量　—■— 全球煤消费量

图 2 - 3　全球历年石油产量及消费量、煤消费量及
二氧化碳排放量（1994—2009）

资料来源：根据 IEA 数据编制。

（三）产业结构升级，发达国家步入后工业化时代

低碳经济的提出，还有一个大背景便是发达国家已迈过以使用高碳能源为主要动力的发展阶段。世界各国经济的发展基本遵从三个阶段：从农耕为主的前工业化时代，到能源密集型产业主导的工业化时期，再到服务业和技术为主的后工业化社会。一般来说，发达国家工业化时代的经济是以高能耗、高碳排放为主要特征的"高碳经济"，世界上还没有哪一个国家是依赖低碳能源实现工业化的。但目前发达国家已实现产业结构升级，基本步入后工业化时代。也就是说，保持发达国家现有福利水平，可以不依赖高碳能源，特别是煤炭的生产和消费了。另外，从工业化进程看，英国、美国等国家在 20 世纪就完成了工业化和城市化的历史任务，或者说走过了大量消耗煤炭、石油等化石能源的发展阶段。这些国家在后工业化阶段，生产的目的主要是满足人们的生活需求，除小汽车需要消费油品外，吃饭、住房等可以不依赖高碳能源的生产和消费。而中国重化工产业的能源强度是服务业的 3 倍多。因此，发达国家在这个阶段提出低碳经济，对其而言是锦上添花的事，而且可以此制定新的经济政治规则。但对于包括中国在内的发展中国家而言，摆脱贫困，发展经济，提高人民生活水平仍是第一要务。因此，发展低碳经济对发展中国家而言更是一个巨大的挑战。

二 提出的意义

低碳经济理论的提出，是继可持续发展理论后的又一关于人类发展的重大理论。它不仅仅是转变人类经济发展方式的理论，更是探讨人类社会实现生活方式的转变，并实现经济社会可持续发展的理论。

（1）低碳经济理论促使各国达成共识，为应对全球气候变化问题提供了新的契机与合作之道。英国提出低碳经济的理念时，正值各国虽然致力于改变全球气候变暖的局面但却缺乏合作机制，各国在如何共同携手合作履行各自职责陷于僵局之时，因此它的提出正好打破了这一僵局。实践证明低碳经济得到了普遍的认同并成为多边合作的通道之一。

（2）低碳经济理论是对人类可持续发展理论的具体阐释，为人类的持续发展提供了具体的操作范式。如前所述，低碳经济理论最先启蒙于对人类发展方式的反思，形成于可持续发展理论践行之时。低碳经济理论指明了可持续发展的具体衡量标准，将可持续理念进行了细化和量化，从而为如何实现可持续发展提供了具体的操作范式。

（3）低碳经济理论掀起了各国经济、政治、社会对低碳的研究热潮，为经济更好地发展提供了新的理论依据。各国对低碳经济理论的研究，无论是从理论上还是实证上都探讨了实现低碳经济的可行性，这为全球如何应对目前的金融危机、走出经济低迷，特别是在增长与环境如何双赢的问题上形成了新的理论依据，为各国制定经济贸易等各项宏观政策提供了强有力的依据。

三　低碳经济的定义及内涵

在英国于 2003 年提出低碳经济这个概念时，白皮书中并没有明确定义低碳经济，也没有明确规定其内涵。而围绕着其定义、内涵及其实现的可能性与实现途径等问题，各国学者随后都进行了大量的研究。如 Johnston（2005）等探讨了英国大量减少住房二氧化碳排放的技术可行性。[①] Treffers（2005）等探讨了德国在 2050 年实现 1990 年基础上减少 GHG 排放 80% 的可能性，认为通过采用相关政策措施，经济的强劲增长和 GHG 排放的减少的共同实现是可能的。[②] Shimada（2007）等学者构建了一种描述城市尺度低碳经济长期发展情景的方法，并将此方法应用到日本滋贺地。[③] 而中国学

---

① Johnston, D. , Lowe, R. , Bell, M. , "An Exploration of the Technical Feasibility of A-chieving CO_2 Emission Reductions in Excess of 60% Within the UK Housing Stock by the Year 2050", *Energy Policy*, Vol. 33, 2005, pp. 1643 – 1659.

② Treffers, T. , Faaij, APC, Sparkman, J. , Seebregts, "A Exploring the Possibilities for Setting up Sustainable Energy Systems for the Long Term: Two Visions for the Dutch Energy System in 2050", *Energy Policy*, Vol. 33. 2005, pp. 1723 – 1743.

③ Koji Shimada, Yoshitaka Tanaka, Kei Gomi, Yuzuru Matsuoka, "Developing a Long-termLocal Society Design Methodology Towards a Low-carbon Economy: An Application to Shiga Prefecture in Japan", *Energy Policy*, Vol. 35, 2007, pp. 4688 – 4703.

者对其定义与内涵也做了颇多的探讨与研究。比较具有代表性的，如庄贵阳（2009）将其定义为：低碳经济是人文发展水平和碳生产力（单位碳排放的经济产出）同时达到一定水平下的经济形态，旨在实现控制温室气体排放的全球共同愿景。向低碳经济转型的过程就是低碳发展的过程。低碳经济通过技术跨越式发展和制度约束得以实现，表现为能源效率的提高、能源结构的优化以及消费行为的理性。[①] 付允等（2008）将低碳经济的概念上升为一种新的经济发展模式，提出低碳经济发展模式就是经济发展方式、能源消费方式、人类生活方式的一次新变革，它将全方位地改造建立在以低能耗、低污染、低排放和高效能、高效率、高效益（三低三高）为基础，以低碳发展为发展方向，以节能减排为发展方式，以碳中和技术为发展方法的绿色经济发展模式。[②] 鲍健强等（2008）认为，表面上低碳经济是为减少温室气体排放所做努力的结果，但实质上，低碳经济是化石燃料（能源）基础之上的现代工业文明转向生态经济和生态文明的表现。[③] 在 2009 年国合会政策研究报告中，中国环境与发展国际合作委员会课题组将"低碳经济"界定为：一个新的经济、技术和社会体系，与传统经济体系相比在生产和消费中能够节省能源，减少温室气体排放，同时还能保持经济和社会发展的势头。[④]

综观国内外的研究，对低碳经济的定义与内涵目前并没有形成一个统一的描述，但其基本观点相似，都是以经济社会发展为前提的低排放、低能耗、低污染。笔者以为，低碳经济作为一种新的经济发展模式，应是一个完整的体系（见图 2 - 4）。应包括以下五个部分：一是低碳政策。低碳经济的发展离不开政府推行的各种低碳政策，一些

---

① 庄贵阳：《中国发展低碳经济的困难与障碍分析》，《江西社会科学》2009 年第 7 期。

② 付允等：《低碳经济的发展模式研究》，《中国人口·资源与环境》2008 年第 3 期。

③ 鲍健强等：《低碳经济：人类经济发展方式的新变革》，《中国工业经济》2008 年第 4 期。

④ 中国发展低碳经济途径研究，国合会政策研究报告 2009。

发达国家采取了强有力的法规标准和经济措施等，使得低碳经济在较短的时间内得到了迅速发展并取得了明显的社会经济成效。因此规划低碳战略，设计各种有效低碳政策工具，实现全社会的低碳发展。二是低碳技术。科学技术是第一生产力，只有大力投入发展低碳技术，才能在不影响产出的前提下实现经济的可持续发展。低碳技术包括对现有能源技术的改造、新能源技术的研发、能源效率技术、碳捕获与埋存技术（CCS）等研发。三是低碳产业。产业的合理布局与发展是经济平稳发展的支柱之一，因此要实现低碳经济，必须控制高碳产业发展速度，调整产业结构，培育新兴低碳产业。四是低碳城市。各国在工业化和城市化进程中，城市已然成为碳排放基地，因而规划低碳城市发展，制订低碳城市行动计划，也是低碳经济的应有之义。五是低碳生活。即转变经济发展理念，改变传统生活方式与消费方式，倡导低碳生活。

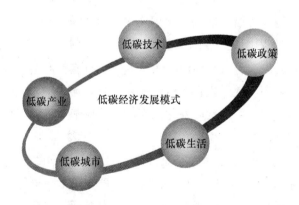

图 2-4 低碳经济发展模式体系图

可见，低碳经济就是以低能耗、低污染、低排放为特征的全新经济发展模式，它是由低碳政策、低碳技术、低碳产业、低碳城市及低碳生活构成的一个低碳经济体系。其最终目标是要达到经济与环境的和谐发展，持续发展。

第三节　"碳关税"

低碳经济的提出给全球各国经济与贸易的发展带来了新的视角与思路，也直接催生了一个新的全球关注热点——"碳关税"问题。"碳关税"问题直接关系到全球贸易规则的改变，涉及 WTO 的最惠国待遇原则与《京都议定书》的"共同但有区别责任"原则，因此引发了很多争议，其实施与否对国际贸易环境有着不可估量的影响力。

一　"碳关税"的概念及内涵

要了解"碳关税"的概念与内涵，必须先了解与其相关的两个概念。一是碳税。碳税是指针对二氧化碳排放所征收的税。从征税对象来看，碳税主要可以分为两种类型：一种是针对化石燃料本身进行课征，一种是针对铝、钢铁、水泥等能源密集型产品（即内涵碳产品）在生产过程中所排放的二氧化碳量进行课征。主要通过对燃煤和石油下游的汽油、航空燃油、天然气等化石燃料产品，按其碳含量的比例征税来实现减少化石燃料消耗和二氧化碳排放，从而实现人为导致的气候变化外部因素内部化。因此，碳税本质上属于环境税中的绿色抵消税，或称污染税。

目前，世界上已有少数国家开始课征碳税，如欧洲的瑞典、德国、丹麦等（见表 2-2）。其中，丹麦、瑞典属于高碳税国家，而德国属于中等碳税国家，英国的碳税水平相对较低。目前这几个国家也面临着困境，一是征收碳税增加本国企业的生产成本，从而降低本国产业的竞争优势；二是课征碳税后，相关产业可能会向没有碳排放限制的国家转移，从而形成"碳泄漏"，进而减损本国课征碳税所能达到的预期减排效果。因此，一些国家可能对进口内涵碳产品适用边境税收调节措施（包括"碳关税"），作为开征碳税时的辅助手段。而事实上，目前已有多国正在酝酿这方面的立法。

表 2-2   欧洲各国碳税、能源税征收情况

类别 ＼ 国家	丹麦	德国	德国制造业	瑞典	瑞典制造业	英国
轻质燃料油 欧元／千升	281.9	61.4	45.0	369.0	60.5	135.8
天然气 欧元／千立方米	300.6	59.6	35.8	241.8	45.3	24.4
电力 欧元／兆瓦时	89.4	20.5 （居民部门）	12.3	28.6 （居民部门）	0.5	6.4

资料来源：转引自吴力波等《"碳关税"的理论机制与经济影响》，《科学对社会的影响》2010 年第 1 期。

二是"碳泄漏"。"碳泄漏"是指由于执行气候措施而使该国边际生产成本上升，境内生产转移至境外，导致其他国家工业实体排放量显著增加。依据污染避难所假定说，环保立法较弱的国家将逐渐在国际贸易中转向污染性行业。欧美国家担心，在各国尚未普遍推行减排措施的情形下率先实施减排将导致碳密集和能源密集型行业重新选址，生产转移至减排立法和标准较低的国家，全球排放量总量没有减少，甚至可能增加。正是欧美一些国家在其国内实施了碳税，它们为了保护国内相关产业的竞争力，并以担心"碳泄漏"为由，提出"碳关税"概念。

"碳关税"是指对未采取相应温室气体减排措施的国家进口的能源密集型和碳密集型产品征收的二氧化碳排放税。在联合国气候变化谈判中"碳关税"常被称为"边境碳调整"或"边境税调整"。2009年 6 月世界贸易组织（WTO）和联合国环境规划署（UNEP）联合发布的《贸易与气候变化》报告，将边境调整措施大致分为三类：一是针对排放交易制度的边境调整，如要求进口商在进口能源密集型产品时提供排放许可；二是针对国内碳税或能源税的边境调整，即对进口产品征收同类国内产品承担的税负，或在本国产品出口时退还已经征收的国内税；三是其他调整措施，如以政府不作为构成事实或隐蔽补贴为由，对未采取气候措施的国家的进口产品征收反补贴税或反倾

销税，抵消减排成本。可见，"碳关税"是为了使各国减排成本均衡而对一些特定国家的出口商品采取的单边贸易限制措施。其名为关税，却有可能是国内税费、配额、许可证等非传统意义上的关税。因此"碳关税"的课征基础并不唯一，特定货物生产过程中排放的二氧化碳量、生产国排放的二氧化碳总量或生产国做出的减排努力均可。

目前，美国提出了未来将实施"碳关税"，与国际贸易中的一般关税相比，"碳关税"具有独特的特征：一是形式上的合法性。美国提出的"碳关税"，借助关贸总协定（GATT）"一般例外条款"作为其法律依据，通过立法使"碳关税"取得形式上的合法性。二是名义上的合理性。由于人们对环境污染的关注与反感，"碳关税"正是为了满足消费者的环保心理即绿色消费而产生的，使得其具有名义上的合理性。三是对象上的歧视性。对于发达国家而言，产品的碳排放密集度都低于规定指标，其出口产品会被免除"碳关税"。事实上，美国"碳关税"征收对象是包括中国在内的发展中国家，因此带有对象设定上的歧视性。四是覆盖面的广泛性。"碳关税"矛头直指高二氧化碳排放产品，直接冲击造纸、钢铁、水泥、化肥以及玻璃制品业等行业产品出口，且会影响所有这些行业的上游供应商、甚至整个供应链，影响到化工、五金、包装等其他行业。

二　"碳关税"问题的实质

"碳关税"概念最早由法国前总统希拉克提出，其本意是希望欧盟国家针对未遵守《京都议定书》的国家课征商品进口税，否则在欧盟碳排放交易机制运行后，欧盟国家所生产的商品将遭受不公平之竞争，特别是境内的钢铁业及高耗能产业。2009 年 3 月 17 日美国能源部长朱棣文（Steven Chu）在众议院科学小组上声称，如果其他国家未实施温室气体减量措施，在保护美国制造业前提下，不排除以征收"碳关税"（Carbon Trariff）作为相应的措施。2009 年 6 月底，美国众议院通过了《美国清洁能源安全法案》，该法案规定美国未来将对包括中国在内的未实施碳减排限额国家进口产品征收"碳关税"。法国国民议会和参议院也于 2009 年 10 月和 11 月先后通过了从 2010

年起在其国内征收碳税的议案，并希望将其发展成为针对欧盟以外国家的"碳关税"。由此，围绕"碳关税"是否应该实施，其是否合法与合理，该遵从何种标准来课征，其对国际政治、经济、贸易秩序，特别是对发展中国家经济、贸易有何影响等等这些问题，都成为各国政府及学者们探讨的热点问题。可见，从"碳关税"概念的提出，到目前"碳关税"问题的衍生，当初设置"碳关税"的本意已经发生了改变。而这种转变正是基于当前国际政治经济贸易的特殊背景而顺势产生的。

（一）全球气候问题的严峻已使各国对低碳经济发展达成共识

如前所述，由于全球气候恶化导致各国致力于寻求经济与环境和谐发展的平衡路径，而低碳经济已成为当前最佳的解决方法。这一点从英国 2003 年提出低碳经济后，通过近几年的理论探讨与实践，也已取得全球各国的共识。无论是发达国家还是发展中国家，都已明确制定节能减排、发展低碳经济的战略及各种政策措施。特别是联合国哥本哈根气候变化会议结束后，应对气候变化、发展低碳经济，更成为国际社会的共识，形成了高度关注节能减排与低碳经济的全球氛围。在此背景下，以美国为主导的发达国家便试图以征收"碳关税"的形式来解决目前全球的气候变暖及减排问题。它们认为，通过征收"碳关税"可以制约碳排放，对没有实施温室气体强制减排的国家实施附加贸易关税，可以促使其减少碳排放，应对气候变化。

另外，在 1997 年 12 月，联合国气候变化纲要公约参加国在日本东京共同签署了著名的《京都议定书》，对美国、日本、欧洲等发达国家和地区的减排标准做了具体规定，但同时坚持"共同而有区别"的原则，将中国、印度等发展中国家列为《京都议定书》纲要以外国家，认为这些国家人均二氧化碳排放量不大，对全球气候变暖的影响较小，因此并没有具体规定这些国家的二氧化碳减排指标。而美国却至今拒绝在《京都议定书》上签字，因为它们认为按照《京都议定书》的现有规定，一旦签署，美国将不得不限制高碳排放产业的发展。作为当今世界二氧化碳排放总量及人均二氧化碳排放总量均位居全球第一的国家，此种做法已引起全球舆论的指责。因此，在全球节能减排观念深入人心、更多低碳产品受消费者青睐的背景下，美国政府率先提出对未规定碳排放指标及未采取减排措施的国家征收"碳关税"以限制全球碳排放，以此改变其在民众心目中的恶劣印象，获取舆论上的支持。

（二）国际金融危机的爆发促使全球寻求新的经济增长点

2008 年国际金融危机的爆发使全球经济陷入低迷。时至今日，虽已过去八年多，但世界经济依然持续低迷。更为严重的是，美国作为金融危机的始作俑者，作为美元霸权主国，围绕其制定的国际货币体系出现了信用危机，而随后出现的欧洲主权债务危机，也让全球对欧美等西方发达国家形成了国家信用危机。世界银行在 2016 年 6 月 7 日发布的《全球经济展望》报告中指出，全球 GDP 预计 2016 年将增长 2.4%，低于世界银行 2016 年 1 月 2.9% 的预测值。今年预计增长 5.2%，2011 年预计增长 5.8%，发达国家预计 2016 年增长 1.7%，发展中国家预计增长 3.5%，均低于之前 1 月份的预测值，报告指出，虽然金融危机结束已有七年，但全球经济仍受困于低速增长，而且下行风险明显上升。为了让经济加快复苏，点燃全球信心，欧美等发达国家必须寻求新的经济增长点。绿色贸易产业、绿色经济由此成为引领全球未来经济贸易发展的新产业、新经济增长点。

而"碳关税"正成为发达国家实现发展绿色产业，占领未来产业制高点的有效战略手段。一方面，各国深陷金融危机，为了尽快摆脱危机的影响，各国纷纷出台政策措施保护国内产业的竞争力，具有贸易保护倾向。"碳关税"的提出及实施，名义上正是为了减少进口产品的价格优势从而使国内产业处于公平竞争的地位，保持其国内产业竞争力。另一方面，提出实施"碳关税"、发展低碳产业的欧美发达国家，拥有全球领先的低碳技术，而大多数发展中国家低碳技术水平较差。"碳关税"的实施，迫使发展中国家引进低碳技术从而使发达国家重新实现贸易繁荣，实现未来产业发展的制高点。

从以上分析可以看出，"碳关税"问题已不是简单的贸易关税问题。其实质上涉及全球经济贸易甚至政治利益之争，特别是发达国家与发展中国家的利益纷争。因此，从其本质来看，"碳关税"问题就是在国际金融危机、应对气候变化的大背景下如何重建国际经济政治秩序，制定贸易新规则问题。而以美国为主导的发达国家提出实施"碳关税"，其征收对象及征收标准，无疑是对发展中国家的不公平对待，也是一种戴着"绿色帽子"的新贸易保护主义。

三　"碳关税"的理论与实践价值

（一）"碳关税"被赋予不容置疑的"使命"

如前所述，随着联合国哥本哈根气候变化大会闭幕，国际社会对应对气候变化、发展低碳经济已达成共识，全球都在高度关注低碳经济的发展。在此背景下，以美国为主导的发达国家努力寻找改变目前全球气候变暖及减排问题的途径。征收"碳关税"成为其不二的首选，试图通过这种贸易的方式来制约全球碳排放，对没有实施温室气体强制减排的国家实施附加贸易关税，从而应对气候变化。可见，"碳关税"生来便被赋予充当"世界环境卫士"的"使命"。

（二）实行"碳关税"是发达国家维护自身利益的需要与选择

国际金融危机已让美国失去了美元霸权、金融优势以及国家信用等曾经的战略优势。因此美国迫切需要打造一个巨大的新产业来拉动其经济再次崛起，推动其未来经济复苏、绿色低碳产业集群正是其最佳选择。毋庸置疑，"碳关税"能够帮助其实现中长期战略目标——以低碳经济为契机，以高盛集团所控制的芝加哥碳金融市场为纽带，统领世界新一轮产业革命。正如90年代的IT产业一样，抢占能源技术制高点、创造就业、保护本国产业、重塑美国全球经济领导地位和后危机时代美国主导的国际贸易"新秩序"。而且提出"碳关税"也可以减少节能减排政策对美国国内现有利益集团的冲击，减轻国内现有高能耗、高排放产业企业的外部压力，亦可设置进口贸易壁垒从而缓解美国对发展中国家特别是中国持续多年的贸易逆差。

法国之所以跟随美国积极推动"碳税"转为"碳关税"，也是从自身利益出发。首先，法国一向倡导环保，以环保先锋自居，此次提议征收"碳关税"无疑更能使其占据道德"高地"，提升其世界影响力；其次，法国二氧化碳排放总量和人均排放量都处于较低水平，是传统核能利用大国，因此缩紧碳排放标准，对其有十分利而无一弊；再次，法国也拥有较先进的低碳技术，征收"碳关税"可以让其低碳技术得到推广及应用，为其带来巨大的潜在经济效益。

（三）"碳关税"的实施具有合法性

"碳关税"的实施可以找到相关的法律条款作为支撑，主要包括：

1. WTO 的相关法律文件。WTO 并没有达成专门的环境保护协议，但有很多环境保护规定，突破了公平贸易原则、非歧视原则、透明度原则等传统国际贸易基本原则，为绿色壁垒提供了法律依据。而可能为"碳关税"的制定提供依据的主要有以下三方面的规定：一是《贸易技术壁垒协议》中的相关规定。该协议的序言和第 2 条第 2 款中规定，只要这些措施"不对情况相同的成员方造成武断的或不公正的歧视对待"，或者"不对国际贸易构成变相的限制"，以及"符合本协议的规定"，那么各国有权确定自己认为适当的保护水平，而不必为确定的水平寻找理由。这一点明确地将保护环境和人类及动植物的生命和健康规定为各成员方的一项基本权利。尽管这项基本权利的实施还有一些限制条件，但并不妨碍它作为"碳关税"的有力的法律支持。二是《卫生与动植物检疫协议》中的相关规定。该协议序言中指出：缔约方"认识到不应妨碍任何国家采取必要措施保证其出口产品的质量，或保护人类、动植物的生命与健康和环境，或防止欺诈等行为等，只要这些措施不致成为情况相同的国家之间进行武断或不合理的歧视或对国际贸易变相限制的手段"。这一协议并不要求一定在最惠国待遇基础上使用，且引入了预防原则，规定各成员方可以采取临时预防性措施。三是 GATT/WTO 第 20 条环境保护例外条款。WTO 存在着一些例外规定，为各缔约方维护其经济安全而背离其义务开辟了免责通道，最具有代表性的就是 GATT 第 20 条的（b）、（g）两款，也被称为 WTO "一般例外"条款，是绿色贸易壁垒最主要的国际法支持。根据其规定，成员方可以实施"为保护人类、动植物的生命或健康所必需的措施"和"与国内限制生产与消费的措施有效配合，为保护可用竭的自然资源的有关措施"作为其成员方背离 GATT 义务的例外情形，只要"不对情况相同的成员方构成武断或不合理的歧视"或"不致形成对国际贸易的变相限制"。这无疑给美国、欧盟等发达国家实施"碳关税"提供了充分的法律支持。

2. 关于环境保护的国际公约。随着联合国哥本哈根气候变化大会闭幕，应对气候变化、发展低碳经济，越来越成为国际社会的共识。所以，一些新制定的国际条约往往体现着对环境保护的贸易限制。一是联合国《气候变化框架公约》。该公约规定"为对付气候变化而采取的措施，包括单方面措施，不应当成为国际贸易上的任意或无理的歧视手段或隐蔽的限制"（第 3 条第 5 款），但同时也确立了"预防原则"，规定各缔约方应当采取预防措施，预测、防止或尽量减少引起气候变化的原因，并缓解不利影响。当存在造成严重或不可逆转的损害威胁时，不应当以科学上没有完全的确定性为理由推迟采取这类措施。按照这一规定，如果一国在无确凿科学证据的情况下，坚持援引预防原则以保护环境，限制某些产品的进口，此时，就很难澄清其采取的措施是真正为了环境保护目的，还是出于贸易保护动机。这为"碳关税"的制定提供了很好的法律效力。二是《京都议定书》。《京都议定书》作为近年来最有影响力的关于气候方面的国际公约，虽然贸易大国美国并没有加入该公约，但丝毫不妨碍美国和其他发达国家应用该公约的有关规定对抗发展中国家的进出口商品。1997 年《京都议定书》通过了不遵守程序以处理缔约方未能充分履行条约义务的情形。这一规定给发展中国家带来不便，因为，它不要求以环境损害的实现为条件，这无疑使在技术与法律方面都落后于发达国家的发展中国家的利益受损。

3. 多边环境协议（MEAs）。由于发展中国家在资金和技术方面远远落后于发达国家，造成许多 MEAs 虽然有诸多与贸易有关的环境措施（TREMs）的规定，可能在客观上起到贸易限制的作用，但事实上，这些规定却可以为某些国家恶意利用，并据此制定某些限制进口或出口的国内法律法规，而构成事实上的绿色壁垒，譬如"碳关税"。

（四）"碳关税"实施已是迫在眉睫

目前，瑞典、丹麦、意大利以及加拿大的不列颠和魁北克已在本国范围内征收碳税。美国从 2020 年起将针对来自不实施碳减排限额国家的进口产品征收"边境调节税"。2009 年 11 月，法国总统萨科齐单方面宣布，将从新年开始对那些在环保立法方面不及欧盟严格的国家进口产品征收 35 美元/吨的"碳关税"，以后逐年增加。加拿大也在酝酿相关政策。可见，美国提出"碳关税"后，发达国家出于自身经济贸易利益势必都纷纷效仿。另外，从 2012 年开始，2000 多家航空公司被纳入欧盟碳排放交易体系。届时，只要飞机经过欧盟的天空，就必须为排放的温室气体付费。中国几十家航空公司均被纳入了征收范围。

四　"碳关税"面临的挑战

事实上，目前作为发达国家体现经济霸权的一种新形式，征收"碳关税"不可避免。无论其公平与否，可操作性多大，发达国家已经构筑了新的碳经济贸易秩序。它们已基本建立了碳资本与碳金融体系，也基本完成了法律体系、制度体系、政策体系、交易体系等各种体系的建立，以及市场扩张、优势竞争的过程和程序。当然，关于"碳关税"的具体征收标准、税率体系等尚需建立与完善。但鉴于"碳关税"作为一种新的贸易保护形式，作为发达国家体现其经济霸权的新形式，它的推行势必可能会引发以下问题与挑战：

第一，会形成新的贸易壁垒，引发贸易争端。欧美提出单方面征收"碳关税"，实质是利用边境调节措施以关税形式形成了新的贸易壁垒。"碳关税"的实施，会增加出口成本，导致以高碳产品出口为主导的发展中国家出口贸易大量萎缩。这极大可能会引起发展中国家的不满，导致中国、印度等新兴贸易大国采取报复性措施，从而引发全球贸易争端，给经济危机中的各国造成很大的伤害，延缓全球经济的复苏。因此，"碳关税"的实施一定要平衡各国的利益，通过全球协商，必须如低碳经济一样获得全球共识的前提下才能实施。否则，贸然行事会给全球贸易带来巨大伤害。

第二，会形成新的贸易规则，建立新的国际贸易秩序。"碳关税"问题牵涉全球贸易与环境、经济与政治，因此美国首次将贸易问题与环境问题联合起来制定关税政策，具有极强的示范性。可以看到，自美国提出征收"碳关税"后，很多发达国家纷纷效仿，毕竟这种政策有利于它们的经济政治利益。通过开征"碳关税"，发达国家一方面可以将"碳关税"的实施规则凌驾于 WTO 规则之上。当然，事实上关贸总协定（GATT）第 20 条规定，一国凡为了"公共秩序"或重要合法政策目的而采取的措施，可背离 GATT 或 WTO 的基本规范。这就相当于重新建立了新的全球贸易规则和贸易秩序。另一方面，发达国家通过"碳关税"问题，以节能减排或环境保护这一重要国际议题为由制定全球碳减排标准，既可以获得国际舆论的支持，又可以抢占未来产业发展的制高点，统领全球经济气候问题的发言权，从而构建起基于发达国家利益的国际经贸秩序。

第四节 西方各主要大国的低碳经济战略与政策

低碳经济理论正是在全球各国共同应对气候变化且全球能源资源耗竭、步入后工业时代的发达国家已经可以不再依赖化石能源发展经济的时代背景下提出且逐渐发展起来的。因此"低碳经济"得到了西方各主要发达国家的青睐，并建立了较为完善的低碳政策和经济发展机制政策。

一 美国的低碳经济战略与政策

美国是一个没有加入《京都协定书》，但很关注低碳经济的国家。关于低碳经济的政策草案有：《清洁空气法》（1990）、《能源政策法》（2005）。2007 年，美国出台了《能源独立和安全法》，并为了控制由于交通工具造成的温室气体的排放量，规定在 2020 年新机动车辆的燃油经济性将提高 140%。并于同年 6 月 16 日签订了"交通气候协议"（TCI），该协议旨在达到发展交通部门的清洁能源经济和减少温室气体排放的目的。

2008 年，美国能源部从联邦基金中拨出为期三年，总额 2600 万美元用于能源效率技术的研发，使得在 2015 年之前将美国制造业的温室气体的排放量减少 25%。

2009 年美国正式启动美国先进能源研究计划署（Advanced Research Projects Agency-Energy，ARPA-E），2011 年 9 月下旬开始研究项目，截至 2012 年 1 月，共有 52.17 百万美元投资于其中的 180 个项目。同年，美国提出了"区域温室气体倡议"（Regional Greenhouse Gas Initiative，RGGI），分别为：2009—2014 年（第一阶段），竭力维持区域内和各州碳排放总额不变；2015 年后（第二阶段），各州年减排放量每年递减 2.5%，到 2018 年将在 2009 年的基础减少10%。2014 年，RGGI 的实施成功将二氧化碳的配额降低了 45%。截至 2014 年，美国共九个州加入了该计划。

2009 年 2 月，美国的《振兴与再投资法案》，宣布将投资 7870 亿美元，其中针对气候、能源和环境等领域将投入 580 亿美元。2009 年 6 月，众议院通过了《美国清洁能源以及安全法案》，要求降低化石燃料使用率，到 2020 年相较 2005 年减排 17%，到 2050 年减少83%，并计划为 183 个清洁能源项目提供高达 23 亿美元的税收优惠，针对可再生能源行业的企业提供 50 亿美元以下的资金和 10%—40% 的税收免减。《美国清洁能源以及安全法案》涉及了以下方面：国际竞争力的提升，出口低碳技术的发展和劳动者转型的加速，绿色就业机会的增多和气候变化的措施。并且还引进了"限制总排放交易"的碳排放权交易机制，将减少工业部门的温室气体排放配额，同时需要购买额外碳排放权。除了购买排放权，各企业还被允许通过一些手段，例如植树减排，来弥补已造成的碳排放，并要求到 2020 年风能、太阳能等可再生能源至少可以为电力部门提供 12% 的发电量。法案还拟针对新建立的化石燃料发电站每年投资 10 亿美元进行碳足迹捕获，规定在 2012 年后提高 30% 的建筑能效，2016 年要求达到 50%。（遗憾的是，这于 2009 年 7 月 7 日未通过美国参议院，就此搁浅。）2009 年 11 月，美国宣布在 2020 年较之 2005 年将减排 17%，2025 年减排30%，2030年减排42%，2050年减排83%。据统计，在2012年，美国的温室气体排放量减少了7%。

2010年美国对外的石油依存度降至50%以下，这是自2009年以来的最低水平；能源独立性增强；同时提供的绿色就业量已达到300万/年。

2011年，美国在APEC上宣布生产和服务类的关税到2015年将减到5%，同时大力增加清洁类技术的传播，以此避免资源浪费。2011年，美国白宫还承诺逐步淘汰低效化石燃料补贴，要求APEC经济体的能源强度在2035年能降低45%。据完全统计，美国能源自给率在2011年达到了81.4%，创了1990年以来的新高。同年7月美国制定了四个针对能源，即天然气和石油的法条和针对其生产过程中可能造成大气污染的解决规定，同时特别制定了关于页岩气水力压裂的标准。2011年10月，美国成立了能源资源办事处（Bureau of Energy Resources，BER），这是为了更高效地使用清洁能源，并通过加快能源技术更新来保持美国的市场竞争力，增加美国能源快速增长的部门的出口。

2012年1月，USAID发布《气候改变和发展策略2012—2016年》（Climate Change and Development Strategy 2012—2016），建设性地制定了三大策略。2012年2月，美国发起了"气候变化与清洁空气联盟"，旨在减少短期气候污染。截止到2013年1月，美国已经有31个州政府启动了"气候行动计划"。而在2010—2012年这三年中，美国为了促进全球碳减排，共向发展中国家提供了7457.8百万美元的资助。2012年3月，美国成立了"北美2050"组织，致力于提供更多就业机会，提高能源独立性与安全性，保护公众健康与环境。

2013年5月17日，美国通过了Free port LNG项目，向非自由贸易协定（FTA）国家出口液化天燃气（LNG）。目前，26个LNG项目提出了出口许可申请，目前只通过了Cheniere Energy的Sabine Pass项目，其他项目还在等待评估。2013年6月，奥巴马政府出台了《美国总统气候行动计划》，目的在于针对发电产业的碳排放实施更为严格的规定。6月之前，白宫已要求EPA制定相关的条令。在美国，发电产业碳排放占全国碳总排放的近40%，其中大部分来自以煤炭为燃料的发电厂，故新标准会将限排的范围扩大到整个发电产业。

2014年国情咨文表明，未来美国还将继续重视新开发和可再生能源以及气候变化等方面。2014年3月，美国提出了"气候数据倡议"，意在加强对全球变暖的应对措施。同年6月，EPA第一次提出了"清洁能源策略"，重点监控燃料发电厂的碳排放速度。白宫也颁布了新规定，提出全美燃煤电站到六年之后实现减排20%，针对该目标，各州可自行制订减排计划。下半年的《全美能源策略报告》，则宣布了之后美国的一系列能源研究开发措施，包括了清洁交通领域加快发展、可再生能源进一步研发、核电以及清洁煤技术研究、天然气加速转型、能效加强等方面。《美国预算法案2015》也表明，加大扶持清洁能源，同时削减化石能源的土地、财税的资金支持。

2015年8月3日，美国启动了"新清洁能源计划"，要求在规定年限内煤炭行业，例如化石燃料发电厂，大幅度减排，同时政府要求在2030年之前减排32%。2015年11月6日，"核能加速创新接口（GAIN）计划"启动，能源部计划以担保方式提供20亿美元给参加项目的小企业，用来促进研发核能；组织第二届先进非轻水堆研讨会；补充核能贷款征集文件（截至2015年11月16日，该项目累计贷款高达125亿美元）；轻水堆研发和部署组；通过轻水堆先进模拟联合体（CASL）；对小型模块堆取证的投资（能源部将从2012财年开始的六年内提供4.52亿美元的资助）；设计现代轻水堆控制室。而就在2016年，奥巴马团队拟提供超过9亿美元的拨款给能源部，以用于核能的研究。2015年12月底，美国国会通过了一项让太阳能和风能以30%退税延长五年的法案。

由于页岩气被大力开采，美国的石油进口量降到了2012年的42%，相较2005年下降了16%。据国际能源署（IEA）估计：美国将在2017年成为全球最大的石油生产国；2035年则可以做到能源独立。

由此看来，未来美国政府可能把低碳经济的发展道路当作重要战略道路的首选。

二　欧盟的低碳经济战略与政策

欧盟在 2004 年就通过了能源税，旨在保护环境，应对气候变化与夸大税收，降低劳动成本。2007 年欧盟通过了欧盟战略能源技术计划，要求大幅度减排以及降低化石能源消费量。2008 年底欧洲议会通过了一系列气候能源政策措施：《排放权交易机制》（修订版）、成员国减排任务以及实施手段的决定、碳捕获储存法案、可再生能源指令、机动车辆碳排放法规和燃料质量指令，规定欧盟到 2020 年较之 1990 年至少减排 20%（此处数据在 2015 年开始的 EU-ETS 第三阶段报告中调整为再减低 30%），要求提高 20% 的可再生清洁能源使用率，减少 20% 的化石能源消费率。欧盟委员会 2010 年出台"低碳路线图"（于 2011 年通过），规定到 2050 年，较之 1990 年减排 80%—95%，到 2020 年减少 25%。2010 年 3 月，欧盟发布了《欧盟实现灵活、可持续、兼容性增长的 2020 年战略》，提出发展智能、现代化和全面布局的关于能源运输等基础设施的一系列措施，力求更高资源效率、更加绿色、更强经济。2011 年 12 月 15 日，欧盟颁布了"2050 能源路线图"，要求 2050 年较之 1990 年将减排到 80%—90%。这涉及四个领域：提升能源效率，利用可再生能源和核能，发展碳捕捉与封存技术，并要求将四个领域的低碳技术利用率由现在的 45% 提升到 2020 年的 60%，2030 年的 75%—80%，2050 年的 100%。欧盟在到 2050 年之前，将每年增加 2700 亿欧元用于低碳经济发展，并且为了既定减排任务，将积极采取发展绿色能源和联合国清洁发展机制等一系列措施。据统计，2011 年，欧盟的温室气体排放量较之 1990 年减少了 17%，在 2012 年，则减少了 8%。在 2012 年的德班平台第二次会议，欧盟在欧盟提案再次重申了 2℃ 温控目标。

2012 年 8 月 28 日，欧盟与澳大利亚宣布双方的碳市场实现完全对接，成立了全球首个跨洲的排放权贸易体系。据统计，2012 年欧盟 28 国的温室气体排放总量相比 1990 年下降了 19%。2013 年开始

的欧盟排放交易体系 EU-ETS（EU-ETS 于 2005 年建立）第三阶段
中，欧盟各国则将减量配额直接发给各个排放源，减排目标为年均下
降 1.74%，要求从 2013 年的排放上限 20.39 亿吨二氧化碳排放量，
降至 2020 年的 17.2 亿吨，相比 2005 年的要求下降 21%。2013 年 1
月 24 日，欧盟的《清洁燃料战略》显示，清洁燃料的发展受到了价
格、燃料供应等的严重制约。同年，欧盟下达了《纯电动车及充电
站的 2020 年发展目标》，规定其中 10% 的纯电动汽车充电站，即约
1175 个，将投入公共使用。除了电力外，欧盟还将提高替代燃料的
使用率，用于建设基层设施。

　　2013 年 9 月 11 日，欧盟的"国情咨文"宣布将在 2020 年较之
1990 年减排 20%、可再生能源的消耗量达到 20%、能源综合使用效
率提高 20% 的"20 - 20 - 20 计划"。2013 年 10 月 4 日，国际民航组
织（ICAO）公布了"世界航空减排路线图"。

　　2014 年 1 月，欧盟规定在 2030 年较之 1990 年减排 40%，并将
在欧盟理事会春季会议进行讨论。2014 年 10 月 23 日，欧盟出台了
《气候能源 2030 政策规章》，许诺在 2030 年较 1990 年将降低 40% 的
温室气体排放总量，在 2014—2030 年之间加大可再生能源的使用率，
使其提至 27%，同时提高 27% 的能效。2014 年 10 月 24 日欧洲通
过了《2030 气候能源法》。2014 年 10 月 28 日，《2020 气候能源法》
的中期执行报告则表明，28 个成员国将确定能够完成该法案规定的
目标。据统计，2012 年为止，参与 EU-ETS 的国家温室气体总排放量
已降至 1.867 亿吨二氧化碳，较 2011 年下降了 2%；2010 年其交易
额和交易量分别占全球的 84% 和 76%。并提出在 EU-ETS 的第四阶
段（2021—2028 年），自 2027 年欧盟将全面取消二氧化碳配额。
2015 年 7 月，欧盟委员会修改了在《2030 气候能源政策框架》2020
年后的低碳目标，将 2020 年在 2005 年基础上的减少 40% 的排放量改
为 43%。

　　2015 年 11 月 30 日到 12 月 11 日，缔约方会议"巴黎会
议"——第二十一届会议（COP21）和《京都议定书》缔约方会议
第十一届会议在法国巴黎举行，在该会议上欧盟委员会主席宣告截至

会前，已有覆盖量超过 95%，总共 170 个国家完成了其关于低碳经济的目标。

2016 年 4 月 22 日，在纽约联合国总部，170 多个国家代表签署巴黎协定，立志在为全球变暖做出共同的努力。同时针对新的低碳战略，欧盟各国将会最大可能地落到实处。

德国先后出台了五期能源研究计划，颁布了《可再生能源法》，并出台了三个中长期发展规划：ECCP、EEAP、IECP。德国计划将重点培育环保技术产业，为使其成为支柱大产业，定下了在 2020 年赶超传统制造业的目标。联邦政府计划在 2050 年的时候实现可再生能源发电使用率达到 80%，可再生能源的消耗量达到 60% 的目标。德国政府要求在 2020 年时较之 2005 年减少碳排放量 14%，在 2050 年减少到 80%。2000 年，德国出台了《可再生能源法》（2004 年一修，2008 年二修），要求新能源使用率超过 50%。2002 年的《能源节约法案》，提出了减少消耗化石燃料和提高废物利用率的要求。2004 年德国政府发布了《国家可持续发展战略报告》，为了减少温室气体的排放，提出了德国的燃料发展战略和新燃料的发展方式。2004 年，德国颁布了《可再生能源法》，要求在 2020 年将清洁电能的使用率提高至 25%—30%，同时提高 25% 的热电年供使用率。2007 年，德国发布了《能源效率行动计划》。2008 年 3 月，德国推出“能源基础研究 2020”新计划。2009 年 3 月的《新取暖法》宣布，未来德国将大力支持新能源下游产业。2009 年 6 月，德国政府强调生态工业政策应成为德国经济的指导方针。同年，德国环境部还发布了低碳经济战略指导文件。次年 2010 年，德国出台了《德意志联邦政府国际气候变化法案》。2010 年，默克尔政府提出了“能源概念”目标，计划在 2020 年较之 1990 年减少 40% 的碳排放，而 2050 年则减排 80%—95%。德国将 2020 年的可再生能源使用量份额增量确定在 18%，2050 年则为 80%。据统计，截至 2011 年 6 月，德国可再生能源发电份额已占到了 21%。同年秋季，德国成立了“能源与气候变化资金”，截至 2013 年投入 30 亿欧元。2011 年，德国出台了《德国环境责任法》、《温室气体贸易排放法案》、《能源管理法》等一系列法律法规。2011 年，德国提出了"天然气战略平台"，该平台致力于长期进行有效沟通经验的交换，跨行业合作，并向大众告知政治上和商业上执行力对气体系统解决的方案。2012 年 1 月 1 日，德国正式开始实施《可再生能源法（修订版）》。2013 年，德国在第三期将 EU-ETS 计划纳入交通运输、林业、居民生活等领域，并逐步完成 EU-ETS 第三阶段之前的目标。2013 年 10 月德国通过了《新能源节约条例》（修订版）（EnEV），该条例在 2014 年的 4 月生效，并在 2014 年的 5 月份申请了加入建筑业节能要求。2014 年，德国制定了"城市交通可持续发展政策"和"提高建筑部门的能源效率政策"。2014 年，德国的《再生能源来源法》（EEG）开始了基本改革。2014 年 6 月，德国和法国在能源周转平台签署了一份协议，两国将致力于联合能源转机的策略、建立能源效率目标、措施和标准的协调发展。2015 年，德国颁布了《联邦排放管制法》（修正法案）。2015 年，联邦政府宣布将在 2016 年推出并启动一个"数字能源世界平台"，这个跨部门网络将汇集企业、协会和科学领域的伙伴拿出战略性的解决方案，以促进世界能源的数字化。2015 年，德国政府提出了《热电联产草案》，意在重新确定热电联产的目标。同年，联邦政府发布了《能源转型的电力市场》（白皮书）。2016 年，德国发起了"50 能源效率网络"活动，超过 500 家德国企业承诺将积极承担节约能源的责任。2016 年，联邦政府在国际能源过渡会议上提出了"柏林能源过渡对话 2016（BETD）倡议"，该倡议是为了促进气候保护、能源效率和可再生能源方面的国际合作。

法国是一个人均温室气体排放量很低的国家，但仍规定在 2020 年把有机农业所占土地面积比例提高 19%，政府要求在 2020 年较之 2005 年减排 14%，在 2050 年减排 75%，并不断制定新政策来达到交通业的减排。2000 年和 2008 年，法国当局两次出台了《国家能效行动计划》。法国还颁布了《环境协商法 I》（2009）、《环境协商法 II》（2010）。2012 年，为了用相关标准来规定碳足迹的评估，法国参议院颁布了环保论坛 2 号法案（loi Grenelle 2）。为了创造"零碳经济"，法国将增加碳排放税，增加可再生能源的使用率，完善道路系统。2014 年 6 月，法国政府颁布了《法国能源政策草案》，要求到 2030 年较之 1990 年减排 40%，到 2030 年可再生能源电力消耗量应达到 40%，可再生能源使用率应达到 32%。2015 年 3 月 3 日，法国高票通过了《加速绿色能源转型以及增长法令》（于 2014 年 10 月 14 日提出）。这部法令被誉为第 21 届联合国气候变化大会前法国低碳经济增长的里程碑式进程。同时，法国政府要求到 2030 年减排 40%；可再生能源终端能源消费率达到 32%；到 2025 年核电年发电量降低一半。2015 年 8 月，法国议会通过了《能源改革法案》，做出了在 2015 年减少 50%—75% 核能的承诺。

瑞典为了提高环保型汽车的使用率，大力推行"环保车计划"。政府还要求在 2020 年较之 2005 年减碳排 17%。2008 年开始，瑞典对进入 EU-ETS 的企业征收低碳税，并由原来的 21% 降至 15%。同时，瑞典政府要求较之 1990 年在 2020 年减排 40%，2050 年的时候则可以实现零碳排放的目标。1990 年瑞典的温室气体排放总量为 7180 万吨，而截至 2013 年是 5580 万吨，二氧化碳减少了 22%。而同期瑞典的 GDP 却增长了 58%。2012 年 1 月 1 日，瑞典和挪威共同成立了电力证书市场，目的是生产一共 26.4TWh 的可再生能源，在 2020 年的时候再联合使用。2013 年瑞典政府提出了《清洁发展机制方案》，旨在制定灵活的机制，帮助奠定基础，为继续并扩大国际气候合作，实现成本效益高的温室气体减排，促进变革和可持续发展的目标。瑞典政府公布了 2016 年预算法案，共涉及了四个领域：更多可再生资源、国际行动、零化石燃料流动、全国行动。此次为了完善气候措施，瑞典政府将拨出 45 亿瑞典法郎的基金。

丹麦则在全球率先建成了绿色能源模式，并为响应《气候妥协方案》，要求在 2020 年较之 2005 年减排 20%，减少了 36% 的石油和煤消费量，消费了 20% 的天然气，可再生能源和风能的使用率超过 35%。而且要求 2030 年能实现：风能占 50%、太阳能占 15%、生物能源和其他可再生能源占 35%，2025 年的风能发电供应能达到 75% 的目标。2006 年，丹麦政府出台了《能源法案》。2006 年，丹麦战略研究理事会提供了大约 1.1 亿克朗给可再生能源和节能研究项目。

2007 年，丹麦为丹麦能源署的"能源研究项目计划"提供了 5500 万克朗的基金。1977 年到 2007 年，丹麦的 GDP 增长 160%，而总能耗增幅甚小，同时减排约 17%，形成了由多层面构成的一套完整的全国共进的支持网。总结丹麦的成功经验，可以得出结论：促进能源消费结构转型，重视转移能源发展重点，制定采用配套的策略法则是很重要的。2010 年，丹麦成立了节能信托基金，并取代了原有的节电信托基金，其投资范围扩大到了节约各种能源并提高使用能效，但不包括交通用能。2011 年 2 月丹麦的《能源战略 2050》，则要求在 40 年后实现"丹麦零化石燃料长期计划"以及配套政策措施。2012 年 3 月，丹麦政府提出了《丹麦能源政策协议》：该协议规定了集团行动计划，旨在实现 2050 年丹麦可再生能源使用率达到 100% 的目标，实施期为 2012—2020 年。截至 2013 年，丹麦出口的能源技术展示已至 11%，总金额高达 676 亿丹麦克朗。2013 年 4 月 8 日，丹麦政府提出了"智能电网战略"，意在鼓励消费者合理有效地利用资源。2013 年 8 月，丹麦政府提出《丹麦气候政策计划》，要求在 2020 年减排 40%（较之 1990 年）。据统计，截至 2014 年，能源消耗在丹麦下降了 5.3%，并低至 719 PJ，这意味着能源消耗量在丹麦已低于过去的 40 年。2014 年，丹麦出台了《2014 增长计划和取消新能源供应税协议》，拟规定在 2018 年拨出 1.5 亿克朗和在 2019 年拨出 2.5 亿克朗用于建立新的气象委员会。2014 年 4 月 11 日，丹麦政府发布了"石油和天然气战略"，该战略是为了确保能够合理利用丹麦北海的石油和天然气资源。2014 年 4 月 24 日，丹麦和中国签署了《能源效率合作协议》，该协议致力于扩大两国的可再生能源和绿色城市建设的现有合作程度，从而有效地调节能量效率。2014 年 11 月 7 日，丹麦提出了"丹麦致力于强效建筑战略"，目的在提高建筑部门的可持续发展，减少建筑带来的温室气体排放，形成一个高效节能减排的建筑业。2014 年 11 月 12 日，丹麦政府公布了"2015 年财政预算"，该预算显示丹麦政府将在 2015 年拟拨款 5 亿 5190 万克朗用于气候倡议中 2015—2019 年的热泵和地热能项目的开发。2015 年 1 月 12 日，丹麦通过了《气候变化法案》，该法案提出了在 2050 年可再生能源的使用率要达到100%，并且要显著降低温室气体的排放量。

三　日本的低碳经济战略与政策

日本作为一个缺乏资源的国家，很关注低碳经济。碳税方案于2004年就提出来了，在2007年正式开始实行。日本的碳税政策采取定额征收制度，征收税率为2400日元/吨二氧化碳。2004年，日本发起了"未来的2050年日本低碳社会状况"计划。2007年5月，日本经济产业省提出了"清洁汽车技术研发计划"，拟在2012年之前投入2090亿日元。同时日本已斥巨额资金研究替代能源和可再生能源的使用。日本还拟投入2000亿日元重新启动加强使用太阳能政策，第一次在计划中加入了光伏产业，要求在2020年将提高20倍的太阳能发电量，降低约50%的太阳能发电价格。为了达到2020年提高一半电动机车的使用率，提高电动或混合动力车的使用率，2008年5月，日本公布了《12大行动——针对低碳社会》。2008年6月，日本提出了"福田蓝图"，这意味着日本正式形成了低碳战略，囊括了技术创新、制度变革及生活方式的转变。制定的减排要求是：到2050年较之2008年减排60%—80%，到2020年减排15%。同时，日本很关注能源多样化，并致力于提高能源使用率。2009年4月，日本颁布了《绿色社会经济革新草案》。2009年5月，日本开始实施环保点数制度。同时，选中六个城市作为"向'低碳社会'的转型，引领全球发展"的试点城市，希望通过这一系列措施在发挥本国特色的过程中推动社会发展。此外，日本还制定了一系列法规条令，加速企业节能降耗的步伐，鼓励高能耗产业外移。据统计，日本产业部门2009年较之1990年碳排放减少了20%，而家庭碳排放却提高了27%。2010年4月，日本开始实施亚洲首个碳交易体系以及全球首个城市级碳交易计划，该计划覆盖了1400个碳排放源，约占日本国内温室气体排放的1%。2010年5月，日本通过并发布了《低碳投资促进法案》，旨在加快低碳经济发展的步伐。2011年，日本政府出台了《2011日本节能技术战略》，目的是为了低碳地摆脱日本大地震造成的影响。2011年3月，日本将增加碳足迹制度所包括的内容，要求从 2011 年 4 月起，在新销售的商品贴上碳削减量标签和碳中和标签。2011 年 6 月，日本成立"能源环境会议"，并提出在 2030 年前降低核能使用率至 10%、15% 以及 20%——25%。2011 年 8 月 26 日，日本通过《再生能源特别措施法案》，规定新的再生能源用电价格（Feed-in Tariff for Renewable Energy）制度，并于 2012 年 7 月 1 日开始实施，以固定价格收购五种再生能源的电力——太阳能、风力、地热、水力及生物能电力，收购年限 10—20 年，以通过保证收购价格，鼓励再生能源的投资与发展，加速提高再生能源发电的比重，脱离对核电的依赖。同年 10 月 10 日，日本开始针对石油和天然气等化石能源征收环境税。据统计，在 2011 年，日本的石油消耗量下降了 17.7%，居世界第一。2011 年 12 月，日本实施了"绿色发展战略"。2012 年 7 月，日本还将扩大固定价格制度的发电领域，以此弥补核能的消减。2012 年 8 月 31 日，日本公布了《再生能源发展新战略》，要求 2030 年能在 2010 年的基础上扩大海上风力、地热、生物能、海洋（波浪、潮汐）四个领域的发电容量至 6 倍以上。据统计，2012 年，日本的温室气体排放量减少了 6%。2013 年，为了规定碳足迹的估计，日本颁布了 TSQ 0010。2013 年，日本启动了强制性碳排放交易机制。日本要求在 2020 年的时候，可再生能源消耗所占比例提高到 20%，2050 年的目标则是 40%。2013 年 6 月 14 日，最新版《能源白皮书》提出，由于资源缺乏，《能源白皮书 2011》中的 2030 年"零核电"的目标予以取消。之后，共有六家电力企业申请重新启动 20 座核电站。2014 年 4 月 11 日，在经过长达 16 个月的修改谈论后，日本公布了新版的《能源基本计划书》（该计划修改于 2013 年 1 月 25 日，由日本首相安倍晋三在经济再生本部第三次会议中提出）。为了根本解决日本能源供需结构的脆弱性，必须开发创新性的技术。日本依据 2013 年的《环境能源技术革新计划书》，于 2014 年夏季制定各项能源技术开发计划书的策略发展路径图。2015 年 4 月 28 日，日本经济产业省发布了 2015 年后的《能源构成草案》。草案中提出，在 22%—24% 的可再生能源比例中，光伏发电为 7% 左右，风力为

1.7%左右。2016 年 2 月 29 日，日本经济新闻（中文版：日经中文
网）公布了日本政府今后应对全球气候变化的基本方针——《地球
变暖对策计划》的草案内容。在 2015 年底通过的有关应对全球气候
变化的新国际框架《巴黎协议》的推动下，该草案明确提出 2050 年
使温室气体比现在减少 80% 的长期目标。同时为了响应全球减排计
划，日本计划提出较高的数值，即短期目标是 2020 年比 2005 年减
排 3.8% 以上，中期目标是 2030 年比 2013 年减排 26%，而长期目标
则是 2050 年比现在减排 80%。为了达到预定目标，日本政府要求在
2030 年度之前将可再生能源（水力除外）发电率在现有水平上提高
12% 左右。

四　英国的低碳经济战略及政策

英国作为第一个提出低碳的国家，制定了一系列法规措施，逐
步形成了明确的长期发展路线。英国政府要求在 2050 年较之 1990
年碳排放减少 80%，为此制订了三个计划：第一阶段较之 1990 年减
排 22%（2008—2012），第二阶段较之 1990 年减排 28%（2012—
2017），第三阶段较之 1990 年减排 34%（2017—2022），补充的第
四阶段较之 1990 年减排 50%（2022—2027）。根据 DECC 公布的资
料，第一个预算阶段碳减排 22% 的目标已经提前实现。但是从消费
排放的角度看，其势头未缓解。在 16 年内，涨幅为 26%。2003 年
的白皮书表明，英国的主要目标是实现低碳经济，规定在 2010 年将
减少温室气体排放 20%，到 2020 年减少温室气体排放 26%—32%，
到 2050 年减少温室气体排放 60%。2005 年较之 1990 年减排 18.8%，
估计到 2010 年较之 1990 年减排 23.6%，是之前承诺的两倍。英国
作为世界上第一个减排立法的国家，于 2008 年出台了《英国气候变
化法案》，确定了到 2020 年较之 1990 年减排 34%，到 2050 年减排
80% 的目标。2009 年 5 月的"碳减排承诺计划"，制定了自明年起
在去年使用超过 6000 兆瓦电量的机构要求购买额外碳排放指标的政
策。这将会影响英国的 5000 家企业，但是估计到 2020 年将额外减
排 120 万吨。另外，英国还出台了《低碳转换计划》、《可再生能源

战略》。与此同时，政府还致力于帮助发展中国家应对气候变暖，加大国际合作力度。2009年6月，英国提议由发达国家每年出资600亿英镑，建立致力于协助发展中国家建设低碳社会的基金。2009年7月，英国政府发布了《低碳经济发展的战略蓝图》，要求在2020年可再生能源使用率提高15%。2009年制定的《低碳转型计划》和《可再生能源战略》，要求2020年英国可再生能源使用率达到15%。2010年，英国发布了《能源与气候变化部气候变化行动计划》。2010年，英国发布了"英国海洋科学战略2010—2025年"。2010年3月，英国制定了"CCS产业发展战略"，针对清洁煤，要求到2030年实现CCS可持续供应链与技术研发能力，内容包括CCS途径，首次四个示范项目，以及加速发展超过示范规模的具体项目方案。2010年，英国政府还提出了"电动汽车：发展潜力"计划，并且筹办了世界上第一个绿色投资银行。该行旨在帮助政府实现《气候变化法》规定的在2050年减排80%的目标。2011年，英国执行"海上风电零配件技术研究展示策略"，将投资3000万英镑在未来的五年内用于更新海上风电技术，建立可再生能源技术创新基地。2011年，英国制订了"刺激可再生供热计划"，将投资8.6亿用来研究项目，实现日常生活以及生产供热的改革。2011年，英国还颁布了"可再生能源发展路线图"和"2050智能电网路线图"。对于"2050智能电网路线图"，提出了分两阶段进行智能网部署的方案。到2020年将投资86亿英镑用于智能电表替换掉英国家庭的4700万个普通电表，未来20年或可收益146亿英镑。2011年3月，为了与英国2008年的《气候变化法案》配合，英国又推出《全国气候变化方案》，提出到2020年较之1990年减排34%，及2050年至少减排80%。同年，发布了《碳计划：实现低碳未来》。2011年的《白皮书》提出建立绿色电力机制的思路，致力于实施低碳发电（或发电脱碳化）。2011年，为了帮助企业开发低碳技术，英国成立了碳基金。据统计，在2011年，英国温室气体排放量的减幅高达30%。2012年，英国出台了《能源效率战略》，旨在改变居住、交通和制造业等领域的用能方式。2012年6月，英国则制定了《强制性温室气体报告规则》。2012 年 11 月，英国政府还出台了《能源议案》，旨在调整能源结构从而发展低碳经济。2012 年，英国政府成立了世界上第一个绿色投资银行，专门为低碳经济项目融资，取得了显著的效果。2012 年，英国通过了 CCS 计划，拟投资 10 亿英镑发展大规模商业化项目的企业。同时针对技术研究，将投资 1.25 亿英镑，内容囊括建立"英国 CCS 技术研发中心"。同年，还发布了"英国核裂变能技术路线图"。2013 年，英国则通过了"石油与天然气产业战略"和"英国核能产业战略"。2013 年 8 月，英方公布了"海上风能产业战略"，为了打造英国风能产业链，拟投资 6600 万英镑以鼓励企业、政府和研究机构联合创新，推进成果商业化，目标是到 2020 年将海上风电成本降低 25%，创造 70 亿英镑的产值和 3 万个就业机会，到 2050 年则降低 60%。到 2013 年为止，英国海上风电发电量同比增长了 52%，占可再生能源发电量的 21%，占总发电量的 3.1%。2014 年，英国颁布了新的减税税收政策，针对页岩气的税率将减少到 30%。2014 年，英国公布了"英国太阳能战略计划"和"英国国家能效行动计划与建筑改造战略"。2014 年的"能源行动计划 2014—2015"，英国则承诺一共投入 8200 万英镑，重点资助能源项目（3500 万英镑）、世界一流的海上风电（1000 万英镑）、能源技术机构（1000 万英镑）、能源供应链创新示范（1000 万英镑）、化石燃料的高效利用（500 万英镑）等。2014 年，英国可再生能源总发电量占总发电量比例的 19.2%，高达 24.2GW，第一次超过了核电所占的 19%，可谓是新能源利用的一次飞跃。据统计，2014 年的英国碳排放总量相较 2013 年下降了 8.7%。2015 年，英国还颁布了两项新的政策：一是建立开发页岩气的主权财富基金；二是针对页岩气开发点周边的社区，提供 10 万英镑每口页岩气试验井的补偿和 1% 的开发收益。此外，英国国内政策实践所积累的经验为国际行动提供了借鉴，如欧盟温室气体排放贸易机制吸取了英国排放贸易制度中很多有益的元素。

低碳经济理论正是在全球各国共同应对气候变化且全球能源资源耗竭、步入后工业时代的发达国家已经可以不再依赖化石能源发展经济的时代背景下提出且逐渐发展起来的。因此"低碳经济"得到了西方各主要发达国家的青睐，并建立了较为完善的低碳政策和经济发展机制政策。

本章小结

本章主要论述了低碳经济的基础理论问题。首先分析了低碳经济存在的相关理论基础，主要包括可持续发展理论、生态足迹理论、脱钩理论与城市矿山理论。探讨了低碳经济理论产生的国际经济环境及发展低碳经济的积极意义，指出低碳经济理论是继可持续发展理论后的又一重大关于人类发展的重要理论。它不仅仅是转变人类经济发展方式的理论，更是探讨人类社会实现生活方式的转变，并实现经济、社会可持续发展的理论。随即对其定义与内涵进行了概括和介绍，提出低碳经济是以低能耗、低污染、低排放为特征的全新经济发展模式，是由低碳政策、低碳技术、低碳产业、低碳城市及低碳生活构成的一个完整的低碳经济体系，其最终目标是要达到经济与环境的和谐发展、可持续发展。文中还着重指出低碳经济催生了一个新贸易事物、新税目——"碳关税"。作为低碳经济时代的产物，"碳关税"其实是为均衡各国减排成本，对特定国家进口产品采取的单边贸易限制措施。因此，"碳关税"虽名为"关税"，却不一定是传统意义上的关税，还可能是国内税费、配额、许可证等。与国际贸易中的一般关税相比，"碳关税"具有形式上的合法性、名义上的合理性、对象上的歧视性、覆盖面的广泛性等独特的特征。从其本质来看，"碳关税"问题是在国际金融危机，应对气候变化的大背景下如何重建国际经济政治秩序，制定贸易新规则的问题。而以美国为主导的发达国家提出实施"碳关税"，其征收对象及征收标准，无疑是对发展中国家的不公平对待，也是一种戴着"绿色帽子"的新贸易保护主义。因此，"碳关税"的提出给当今的国际、政治、经济、贸易秩序制造了新的争端与分歧，并将改变国际贸易的规则，影响国际贸易环境，给世界各国，特别是发展中国家的对外贸易发展带来了严重的挑战。正因为低碳经济的提出与实施关系重大，不仅涉及气候问题，更被上升为政治、经济、安全、外交等议题，西方各主要发达国家与地区，美国、日本、英国和欧盟等都制定和实施了发展低碳经济的战略与政策，在低碳技术、资金、人才、碳交易市场等方面抢占了先机，并利用其形成的先发优势，出台各种碳贸易规则与政策，将为发展中国家的对外贸易发展设置种种障碍与贸易壁垒。

第三章　对外贸易环境

一国对外贸易的发展总是置身于特定的国际社会环境之中。不同历史阶段、经济政治条件下，国家采取的对外贸易政策必然有所区别。而这些对外贸易政策又会构成新的贸易环境来影响着对外贸易的发展。因此研究对外贸易环境问题，对于一国的对外贸易战略与政策的制定与走向，对于一国对外贸易的发展有着十分重要的指导意义，特别在目前全球进入新的历史阶段，转向新的经济发展方式——低碳经济之时。

第一节　对外贸易环境的基础理论

有关对外贸易环境问题的研究目前并没有形成系统的理论。而自1972年斯德哥尔摩召开第一届联合国人类环境大会起，围绕贸易与环境问题的研究与争论才引起国际社会的关注。在20世纪90年代，由于两大重要事件的发生让贸易与环境问题成为全球关注的热点。一是1992年在巴西举行的联合国环境与发展大会。这次大会对国际贸易中不利于环境的因素都做了较为具体和严格的限制，形成了一系列会议文件如《里约环境与发展宣言》《21世纪议程》《生物多样性公约》等。二是1994年WTO的建立，通过了一系列新的协定。这两件大事分别标志着环境保护主义与贸易自由化、全球化发展的两大潮流。发展至21世纪的今天，随着全球化的纵深发展及气候与发展问题全球焦点的形成，关于贸易与环境问题的探讨更激烈也更深入。但这里涉及的环境问题基本都是指自然环境，而对外贸易环境的概念显然不止于自然环境，还包括社会环境。下面对其进行具体的理论分析与界定。

一 对外贸易的自然环境

对外贸易的自然环境，就是指一国对外贸易所面对的自然境况，即对外贸易赖以存在并影响和制约其发展和变化的各种自然因素及其状态的总和。具体包括一国的地理环境、气候环境、生态环境、自然资源状况等。

从 20 世纪 70 年代环境政策对贸易的限制，到 20 世纪 90 年代贸易政策及行为的环境影响的研究，国际学者们的研究对象全部是对外贸易环境中的自然环境。且一般认为，贸易政策对自然环境的影响分为直接和间接影响，其间接影响往往远大于直接影响。直接影响是贸易政策对直接作用于环境的贸易行为所产生的影响，[1] 如限制珍稀动物进出口的贸易政策，会直接有利于出口国生物多样性及物种的保护。间接影响是指贸易政策通过影响贸易行为，作用于生产、交换、消费等经济过程，进而对环境产生的间接影响。可分解为产品效应、结构效应、规模效应、技术效应和法规效应等。[2] 而国内相关研究于 20 世纪 90 年代起步，陆穗峰[3]、叶汝求[4]、蒋勇[5]、赵玉焕[6]、方超[7]、董楠楠[8]等，都就贸易和自然环境的关系开展过研究。

---

[1] OECD, *The Environmental Effects of Trade*, Paris, 1994, pp. 13 – 24.

[2] OECD, *Capacity Development in Environment*, *Principles in Practice*, Paris, 1997, pp. 131 – 156.

[3] 陆穗峰：《环境保护与对外经贸》，中国对外经济贸易出版社 1997 年版，第 22—26 页。

[4] 叶汝求：《环境与贸易》，中国环境科学出版社 2001 年版，第 18—23 页。

[5] 蒋勇、左玉辉：《关于贸易与环境关系的几点认识及其对我国的启示》，《城市环境与城市生态》2000 年第 13 期。

[6] 赵玉焕：《贸易与环境协调问题研究》，对外经贸大学 2001 年版，第 16—28 页。

[7] 方超：《我国对外贸易与环境污染关系研究》，《现代商业》2009 年第 18 期。

[8] 董楠楠、钟昌标：《我国贸易与环境的问题研究》，《生态经济》2009 年第 2 期。

二　对外贸易的社会环境

对外贸易的社会环境是指一国对外贸易赖以存在并影响和制约其发展和变化的各种社会因素及其状态的总和。具体包括一国所面临的国际政治与安全因素、全球科技与经济因素、国际文化因素、国际贸易发展格局与规制以及本国的国情、对外贸易政策等。因此本研究的重点放在其社会环境方面，特别是一国所处的国际经济、政治秩序及贸易格局状况。

与自然环境相比，对外贸易的社会环境有很多明显的特征：一是社会环境的构成比自然环境更复杂、更细化、更具体。一国对外贸易的社会环境既包括国际环境又包括国内环境，既包含国际政治与安全因素、科技因素、经济因素、文化因素、对外贸易发展格局因素、对外贸易管理体制因素、对外贸易政策取向因素、对外贸易关系因素，又包含本国政局、本国科技发展水平、经济发展因素及贸易战略等。二是社会环境的形成与变迁比自然环境更具有爆发性与跳跃性。社会环境的形成极容易受一些重大事件的促成与影响，比如金融危机的爆发就会让整个贸易环境发生改变，从贸易自由化转向贸易保护。而自然环境的变迁则是长时间的潜移默化，不为人一下识别。三是社会环境的影响和制约的作用比自然环境更隐蔽、更直接，更难以捉摸。从对外贸易环境来看，虽然自然环境与社会环境对一国对外贸易的作用方式和作用方面不同，但社会环境对一国对外贸易的产生、发展与演变的影响和制约作用要远远超过自然环境。另外，基于自然与社会的相互影响，对外贸易环境的自然环境与社会环境之间也存在着相互作用与相互影响的关系。比如，为了保护自然环境，各国会对贸易商品进行环境规制，而这些规制便会演变为社会环境，最终又会对自然环境产生影响。

进入 21 世纪后，随着全球化及一体化的发展，特别是 2008 年金融危机的爆发，国际政治、经济、科技、文化等各个领域均出现了大变动、大调整、大发展，更是引发了当代对外贸易社会环境全方位的深刻变化，并对当代对外贸易的发展产生着重大而深远的影响。具体表现在：

（一）世界呈现多极化发展，新的国际政治格局逐步凸显

冷战结束后，美国妄图打造单极世界，但历史证明这一想法必将被粉碎。特别是 2008 年爆发的金融危机，进一步加剧了美国相对衰落的过程，较大程度削弱美国国力。虽然尚不能改变现有"一超多强"的世界格局，但无疑会在一定程度上影响到美国的"一超"地位。美国单边主义已从独霸型降格为主导型，客观上被多极化牵着走。

同时，欧盟是世界上最有力的国际组织，在贸易、农业、金融等方面趋近一个统一的联邦国家，而在内政、国防、外交等其他方面则类似一个独立国家所组成的同盟，具有很强的科技、经济、文化凝聚力。自 1999 年以来，俄罗斯经济迅速增长，俄罗斯政府充分利用其经济资源特别是能源优势，发展与周边国家的政治经济关系，促进交流发展，强化地区政策的协调，扩大其在国际上的政治经济影响力，从而实现其地缘政治目标和重大的外交战略。由此可见，在 21 世纪末期，俄罗斯也必将成为多极世界中的一极。

改革开放 30 年，中国在经济文化建设各个方面都获得长足发展，取得了举世瞩目的成就。中国在国际社会中一直是一个负责任的大国，在国际事务中发挥着自己独特的作用，国民生产总值更是超过了德国和日本，居世界第二。特别是 2008 年北京奥运会的成功举办，应对金融危机的能力使中国的国际社会影响力又得到了空前的提高。因此，在未来世界格局中，中国也会是多极中的一极。

除此之外，日本不管是在经济、科技、军事上都在世界上占有一席之地。同时，印度、巴西等发展中国家的崛起同样势不可挡。总之，当今世界各国和国家集团都正在向着世界强国的目标努力推进，随着国际各种力量不断消长变化和分化组合，世界多极格局将逐步形成。金融危机也将进一步推动国际政治格局向多极化发展。

多极化发展是一个积极的趋势进程。在这个进程中，各主要国家虽然在某些问题的立场及具体的政策与措施上存在分歧，但建立与发展良好合作的双边与多边外交政治关系才能保证各国经济外贸社会的

持续发展却是各大国的共识。因此，在和平、发展与合作成为当今主题的 21 世纪，新的国际政治秩序为各国对外贸易打造了一个相对均衡、和谐的环境。

（二）经济全球化盛行，大危机后的世界经济秩序进入新的调整期

经济全球化对世界的影响是具有双重性的。其正面效应是：极大地促进了世界各国的交流，提高了生产效率，带动了科学技术的发展，同时由于世界各国的相互依赖性越来越强，各国都在积极地实施对外开放政策，加强与外界的合作与交流。而对于发展中国家，则是其参与世界经济学习与借鉴发达国家的资金、技术和先进管理经验的最佳时机，有利于发展中国家充分发挥自身优势并最终赶超发达国家。其负面效应是：经济全球化对世界各国都是一个挑战。由于各国都实行对外开放政策，世界各国的金融体系都是彼此相互联系的，因此一旦某个国家的金融体系崩溃，就会影响到世界各国。2008 年美国的金融危机就是一个典型的例子。由美国初始爆发，进而影响到全球经济发展。全球化不仅使许多国家享受到了资金、资源、技术和管理方式等生产要素全球配置的好处，同时也让各国尝到了一旦出现危机，大家都难脱干系的苦果。全球化的纽带让世界各主要力量主体之间形成了利益交织、一荣俱荣、一损俱损的共生关系。但尽管如此，经济全球化已经席卷了全球，从多方面来看，经济全球化对世界各国来说，正面效应要远远大于负面效应。

另外，当前始于美国的金融危机已经使世界经济进入增长低迷期。经济全球化的背景下，金融危机虽然扩散到全球，对各国经济都产生冲击和影响，但影响的程度显然不同。如 2009 年，美国、日本、欧盟 27 国 GDP 都出现负增长，但中国仍然保持了 8.7% 的 GDP 增长率。危机会引起大国实力的变化，并由此带来国际经济格局的微调。总之，21 世纪世界经济全球化趋势不可抗拒，但金融危机的爆发促使全球经济格局发生变化，也暴露出国际经济秩序特别是金融体系的弊端。可喜的是，全球各国在应对危机的过程中达成的"同舟共济"的共识及通力合作，为全球经济的可持续发展提供了新的思路。

（三）全球思想文化呈现多元化发展

文化是一个国家软实力的体现，文化对于政治和经济具有引领和渗透的作用。当今世界正处在发展、变革的历史时期，全球思想文化的交流、交融与交锋呈现出多层次、多元化发展的新的时代特点。

1. 全球思想文化交流频繁

全球思想文化的交流是指各种文化的互相沟通，互相学习，以彼之长，补己之短。目前，世界范围内各种思想文化交流更加频繁与活跃，开放合作、互利共赢成为国际社会广泛共识，各国相互联系更加紧密，国与国之间以举办文化年为纽带加深了解。北京奥运会、上海世博会的成功举办，让全世界了解中国、熟悉中国、热爱中国。

2. 全球思想文化交融加速

全球思想文化交融指的是融会贯通、水乳相融、共同进取、融洽和谐。当今世界，东西方文化的交融速度随着经济全球化和世界多极化趋势的加强而愈来愈快。实践证明，各种文明是相互交融的，只有交融才能比较、取长补短，促进世界文明的发展。就中国而言，一方面，中国文化不断吸收西方文化的元素，并经过长期的历史积淀与传承，互相会通融合。另一方面，中国汉语和汉文化在海外的广泛传播，使中国文化的影响在不断向世界渗透。

3. 全球思想文化交锋迭起。全球思想文化交锋指的是不同立场、不同取向、不同利益思想的碰撞与冲突。随着国与国相互依存日益紧密，各种思想文化在更大范围、更深层次相互激荡、彼此碰撞，不同社会制度国家之间在意识形态领域的较量和交锋是一种客观存在。金融危机的爆发使各国在发展模式的选择上更趋多元化。美国一直鼓吹和推广新自由主义模式。但实际上，"华盛顿共识"自20世纪90年代以来在拉美接连碰壁。此次危机发生后，美式自由市场经济模式弊端更是充分显现，美国政府自身也被迫收购、吞并和接管出现重大问题的金融机构，部分实现了金融领域的国家管理。美国自由市场经济模式的吸引力和影响力在世界范围内大打折扣。同时，金融危机进一步增强以中国为代表的新兴国家发展模式的吸引力。本次金融危机的爆发，在增加发展中国家对美国模式、

"华盛顿共识"的警惕的同时，也使"国家资本主义"、"社会主义"成为越来越多国家的选择。其中，中国、俄罗斯等将更加坚定走自身特色的发展道路和管理模式。欧盟几个大国由于近几年来经济缺乏竞争力，曾一度出现向新自由主义模式靠拢的趋势，而此次危机使欧盟可能重新思考，回归欧洲式"国家社会主义"。显然，金融危机有利于推进各国发展模式选择上的多样性，这也有利于从另一个角度批判美国的单边主义意识形态，进而推动国际政治格局多极化的进程。

第二节 对外贸易环境与国际贸易

前面对对外贸易环境进行了界定，并对当今对外贸易的社会环境出现的新变化进行了梳理。那么对外贸易环境与国际贸易之间有无关联？如何关联起来的？下面分别从自然环境与社会环境两方面予以理论分析。

一 自然环境与国际贸易

传统国际贸易理论，无论是早期经济学家亚当·斯密和大卫·李嘉图的理论，还是后来的赫克歇尔—俄林理论和产品周期理论，都没有考虑到国际贸易对自然环境的影响。这是传统国际贸易理论的一大缺陷。目前理论界一致公认国际贸易会影响自然环境。但在以下几个问题存在着广泛的争议。

（一）国际贸易活动对环境保护有利与否

关于自然环境与国际贸易关系的探讨，一直是围绕着一个论题：国际贸易的开展对环境保护是有利还是不利。对这个问题的不同回答形成了自由贸易论者与环境保护论者两派观点。

1. 自由贸易论者

自由贸易论者强调个人利益的最大化，认为世界经济的改善应依赖于个人财富的增加，而增加个人财富的最佳途径是允许个人按照自己的选择追求其生活方式和人生目标。在对待国际贸易与环境问题上，自由贸易论者认为贸易自由化将有益于环境的改善，它们的论证依据如下：（1）贸易自由化能促进经济繁荣，增加用于环境保护的资源；（2）自由贸易可以提高资源利用效率，减少废物产生；（3）贸易自由化促使环保技术向发展中国家转移，有利于减轻环境压力。在自由贸易者看来，贸易制度本身不存在不利于环境的因素，而是由于环境政策设计不当造成了贸易与环境政策之间的紧张，环境外部性内部化的政策与自由贸易并不矛盾。环境保护论者反对自由贸易，是因为它们对环境政策和自由贸易的实质理解有误，但阻碍自由贸易必将带来全球福利水平的下降。

2. 环境保护论者

环境保护论者关注整个人赖以生存的生态系统，强调整个人的共同利益，其中包含个人的长远利益。为了实现环境保护的目标，个人有时需要牺牲眼前的利益。环境保护论者认为：（1）贸易扩大经济活动规模，增加了对当地环境的破坏，而经济活动存在环境污染时，自由贸易也使其他国家的环境恶化；（2）贸易规则凌驾于环境政策目标之上，会导致环境标准降低。环境标准较低的国家在污染产业会具有竞争优势，因而促使要素流动到污染成本支出较低的这些国家，使其成为污染的避风港；（3）危险品国际贸易会危害环境，废物进口国比出口国在废物处理与储存方面更不具有优势，废物出口使这些国家没有动力去制定环境政策来减少废物产生；（4）贸易需要运输，这将增加能源使用，从而破坏环境。所以，环境保护者认为要强化贸易成员国制定环境政策的权利，并主张制定相应的国际环境组织及限制性贸易措施来处理贸易带来的环境问题。

两派在自由贸易与环境保护上的观点迥异，这是由于它们看待问题的视角不同，在涉及环境问题的国际贸易过程中，经济学者对哪种观点是正确的并没有一个统一的答案，但围绕此问题展开的研究却可以更深入地帮助我们理解这个问题。

（二）贸易的环境效应分析

贸易的环境效应主要指贸易对环境的影响机制与途径。Grossman

and Krueger（1993）[①] 最早对国际贸易中环境效应进行了分析，后来的学者们多用它们的分析方法研究贸易的环境效应，并将其分解为结构效应、规模效应、技术效应和商品效应等，具体为：

1. 结构效应

结构效应源于国际贸易中的比较优势理论。但在传统比较优势分析中将环境因素包含了进来，是指贸易通过影响经济结构所造成的环境影响。随着国际贸易活动的进行，专业化分工得以在全球范围内进行，原来自给自足的国家会专业化生产具有比较优势的产品并出口，同时进口其不具有比较优势的产品。对于一国环境来说，如果出口部门生产活动的平均污染程度低于进口生产部门，那么该国将从扩大的出口中获得正的结构效应。反之，如果进口生产部门的平均污染程度高于出口部门生产活动，则该国将从规模缩小的出口中获得负的结构效应。这样，国际贸易活动的开展使得污染产业资源在全世界范围内得以重新配置，将污染问题从"清洁"产业具有比较优势的国家转移到具有比较劣势的国家。OECD（1994）认为，如果国家环境资产能正确估值和计量，并且其价值能包含在国际价格和市场中，环境资源的使用不被政府政策干预所扭曲，贸易则将成为推动全球持续稳定发展的理想手段。[②] 正如许多发展中国家发生的状况，贸易加速一个国家的产业结构由污染严重的第一、第二产业主导向污染较轻的第三产业主导转变，从而改善了其环境。但问题在于要对环境资产进行估值和量化，操作十分困难，特别是难以估计环境资产的"存在价值"和"选择价值"。当低估环境价值时，贸易就会把生活和消费分布到那些不适于这些活动或活动强度的地区，由此产生负结构效应。另外，在环境成本外部化时，环境资产的价格不能完全反映其价值从而导致环境资源的过度使用。可见，贸易本身并不是与环境有关的结构效应的始作俑者，其根本原因在于没有把外部成本内部化的市场失灵

---

① Grossman, G. M., Krueger, A. B., Environmental Impacts of A North American Free Trade Agreement, in P. Garber, ed., The US-Mexico Free Trade Agreement, Cambridge, 1993, MA: MIT Press.

② Environment Impact Assessment of Roads, OECD, 1994.

和政策干预失灵，即贸易商品价格不能完全反映环境价值，缺乏合适的环境政策与管理工作以及环境政策与经济政策的不协调。

2. 规模效应

规模效应是指由于贸易导致经济规模变化所造成的环境影响。一方面，规模效应可能对环境具有正面效应，因为国际贸易可以对一国经济活动整体和规模以及市场增长起到扩展作用。而另一方面，更多的是对环境产生的负面效应。即在生产活动的污染系数和产业结构布局一定的条件下，国际贸易活动的开展扩大了经济规模，促进了经济增长却增加了环境污染。经典的环境库兹涅茨曲线表明，当一个国家在经济发展的初级阶段及转型阶段时污染可能增加，而当一个国家的经济繁荣到一定水平后，其环境污染将趋向减少。正如 WTO 秘书处和北美自由贸易协定环境合作委员会在《WTO 关于贸易与环境的报告》中指出，"由贸易带来的经济增长是解决环境退化的一种方式。贸易本身不会直接产生环境质量的改善，而是通过将高收入水平转变为高环境标准来实现的"。然而，在市场失灵（如环境成本外部化、生态系统价值被低估、产权界定模糊等）和干预失灵（包括出口补贴和贸易壁垒等）的情况下，贸易所推动的增长对环境也会产生负的规模效应，导致经济不能持续发展。虽然自由贸易论者与环保主义者对贸易的环境影响在观点上存在较大差异，但它们都认为政府的某些干预例如补贴带来的价格扭曲，是农业、渔业、纺织业、能源业等自然资源过度开发和利用的一个重要因素。

3. 技术效应

技术效应是指随着人们生活水平的提高，对清洁环境的偏好增加，愿意支付更多的货币购买以对环境负责的方式生产出来的产品，促进生产厂商对清洁生产过程的投资。新的生产工艺和生产技术被应用于生产，降低了单位产品生产对环境的污染程度。因此，在不存在"政策失灵"时，随着收入水平的提高，各国将实施更加严格的环境标准和环境法规，降低单位产品生产对环境的污染程度，促使环境质量的改善。特别是以欧盟、美国、日本为代表的发达国家制定了许多与贸易有关的环境规则和技术标准对世界起着引领作用，并迫使发展中国家在贸易自由化的条件下逐渐适应或趋同它们的规则，从而影响世界环境。如贝索尔和维勒（Birdsall，Wheeler，1992）对拉丁美洲国家进行的研究显示，在贸易自由化（如取消对新技术进口和外资进入的限制）的前提下，工业化国家较高的环境标准将被传递到发展中国家，于是经济越发达的国家，在清洁生产技术方面的进步就越快。[①] 因此，贸易的规则效应一般情况下对环境会产生正面效应。但另一方面由于欧盟、美国和日本规定的与贸易产品有关的技术标准多集中在发展中国家具有比较优势的出口产品，因此很不利于发展中国家的出口，不利于发展中国家发展经济和摆脱贫困，从而不利于解决环境问题。这就使得贸易的技术标准对环境可能造成负面影响。

4. 商品效应

国际贸易通过具有环境影响的商品和服务[②]的国际交换来影响环境。如果交换的商品有助于环境保护，或者是另一种危害环境的商品的替代物，那么，贸易对环境会产生积极的正面影响。贸易为那些解决特定生态问题和环境问题的环境设备、技术和服务在全球扩散提供了机会。全球的环境设备和服务市场正以每年 5% 的速度增长，这个市场的环境设备和服务包括水处理装置、废物管理、大气质量控制、土地整治和降低噪声等。其中环境服务业平均每年以 8% 的速度增长，远远超过整个国民生产总值年均仅 2%—3% 的增长率和国际贸易年均 6% 的增长率。1996 年、1998 年、2000 年、2010 年，全球环境市场分别为 4530 亿美元、4840 亿美元、5220 亿美元、8030 亿美元，其中环境服务业分别为 2280 亿美元（1996）、2501 亿美元（1997）、2473 亿美元（1998）、2625 亿美元（2000）、3694 亿美元（2010）。据统计，2005—2015 年全球环境服务业共增长了 45%，在 2015 年将达到约 8000 亿美元。[③] 同时，调查研究预测，2020 年全球

①　Birdsall, N., Wheeler, D., Trade policy and industrial pollution in Latin America: where are the pollution havens? In: Low, P. (Ed.), International Trade and the Environment. World Bank Discussion Paper, Vol. 159, 1992.

②　WTO 多哈回合把这些商品和服务称为"环境货物与服务"。

③　英国经济与环境发展中心（The UK Centre for Economic and Environmental Development）。

环境服务业市场将扩展到 1.9 万亿美元。① 就服务市场的项目来看，固体废弃物管理和水处理服务占环境服务的主要部分（见表 3 - 1）。但在不同国家情况不一样，例如，美国最重要的项目是固体废物管理，在日本则是空气污染控制。从地区分布来看，全球环境服务市场主要集中在美国、西欧和日本。1996 年，这三个国家和地区的市场总额占全球市场份额的 87%；2010 年，这三个国家和地区的市场总额占全球市场的份额为 80%；2012 年，这三个国家和地区的市场总额占全球市场的份额则降至 75%。可以看出这个比例在逐渐下降，与此同时，非洲、亚洲、拉丁美洲，这些发展中和最不发达国家和地区的环境服务市场，虽然在 1996 年只占全球市场份额的 7%，但在 2010 年其环境服务市场所占全球份额的比例增至了 14%。② 据报道，在 2014 年，中国的环境服务业占环保产业的比重就达到了 15%—20%，而美国和欧洲等发达国家地区的比重则为 50%。③ 这是因为，随着这些国家和地区的经济发展、人口增长以及城市化不断加速，这些国家开始逐步颁布严格的环境法规，从而将环境服务的发展纳入世界发展的轨道。因此，贸易扩展了那些由对环境有益的技术生产的产品构成的市场，也孕育了对环境有益的投入品的贸易，因此提高了生产国和消费国的环境保护水平。

表 3 - 1　　1996、1998、2000、2010 年项目全球环境服务市场

项目　　年份	固体废物管理		水处理服务	
	数值（亿美元）	占环境服务的比例（%）	数值（亿美元）	占环境服务的比例（%）
1996	1190	52.1	646	28.3
1998	1222	49.4	685	27.7
2000	1289	49.1	741	28.2
2010	1662.3	45	1071.3	29

资料来源：Environment Business International，Ine，San Diego，California。

① UNEP And International Centre for Trade and Sustainable Development.
② 李丽平、原庆丹：《环境服务发展贸易报告》，中国环境科学出版社 2012 年版。
③ 《中国环境报》2014 年 5 月 2 日。

　　国际贸易活动对环境的最终影响应该是多种效应综合影响的结果，很多学者在这方面都进行了理论和实证的研究。国外学者们的研究主要有 Tobey（1990）将环境视作一种资产投入品纳入赫克歇尔—俄林要素模型中，研究环境对贸易的影响。[1] Grossman and Krueger（1993）第一次建立了国际贸易的环境效应理论分析框架，将影响效应分解为规模效应、结构效应和技术效应三个层面，并通过对42 个国家面板数据的计算分析，发现环境污染与经济增长之间长期呈倒 "U" 形的曲线关系。[2] Paoayotou（1993）也进一步证实了这一结论，并将此曲线称为环境库兹涅茨曲线（The Enviromental Kuznets Curve，简称 EKC）。[3] Copeland 和 Talor（1994）单独将各国收入差别这一影响因素加以分析表明，自由贸易会引起真实收入的增加，但同时也会改变一国的产出结构从而导致环境污染程度的改变。[4] Chilchilnisky（1994）研究了贸易对环境的影响和产权关系问题，得出如果私人产权不明晰，则自由贸易会加速破坏发展中国家的环境资源甚至威胁到全球环境。[5] Dean（2007）通过联立方程模型度量了中国对外贸易对环境的影响，发现短期内贸易自由化会恶化环境，但长期则有利于减少污染。[6] Mani 和 Wheeler（1998）考察了 1960—1995 年世界主要经济体的贸易生产模式、收入增长等与环境规制的关系，得出污染密集型产业的产出在整个制造业中的占比在经济合

　　[1]　Tobey, J. A. , The effects of domestic environmental policies on patterns of world trade: an empirical test, 1990, 43: pp. 191 – 209.

　　[2]　Grossman, G. M. , Krueger, A. B. , Environmental Impacts of A North American Free Trade Agreement, in P. Garber, ed. , The US-Mexico Free Trade Agreement, Cambridge, MA: MIT Press, 1993.

　　[3]　Paoayotou, Empirical tests and policy analysis of environment degradation at different stages of economic development, World Employment Programme Research Working Paper, WEP222/WP 238, 1993.

　　[4]　Colpeland, B. R. & M. S. Taylor, North-South Trade and the Environment, *Quarterly Journal of Economics* 109, 1994, pp. 755 – 787.

　　[5]　Chiehilnisky, G. , North-South Trade and the Global Environment, *American Economic Review* 9, 1994, pp. 851 – 874.

　　[6]　Dean. Judith M. , Trade Growth, Production Fragmentation, and China's Environment, Working Paper, 2007.

作组织（OECD）成员国是下降的，但在发展中国家却稳步上升。[1] Dua 和 Esty（1997）提出"污染避难所"的说法，即认为全球贸易自由化会使很多国家纷纷降低各自的环境质量标准以维持或增强本国产品出口竞争力，因此会出现"向底线赛跑"的现象。更重要的是，一国严格的环境政策会迫使污染严重产业向管制宽松的国家转移，这样会出现发展中国家成为"污染避难所"的现象。[2] Robision（1998）也指出由于美国污染控制较严格已引起美国贸易模式发生变化，即进口更多污染成本高的商品，从而减少国内对自然资源的消费。[3] Antweiler 等（2001）运用回归分析法研究得出贸易自由有利于环境保护。[4] Dasgupta et al.（2002）研究发现严格的环境管制会使经济增长的每一时期都低于无管制的排放水平，因此拐点可能提前出现，EKC 曲线就会变得较为平坦且处于相对较低的位置。[5] Copeland 和 Talor（2003）使用两国的一般均衡模型分析得出，产权不清晰的国家由于利用环境资源的成本相对较低，因此容易过度开采环境资源以增加出口，从而对外贸易会使它们遭受损失，却使产权明晰的国家通过进口初级产品获得环境利益。[6] 相比之下，国内关于国际贸易与环境问题的研究起步较晚，且得出的结论并不一致。一种观点认为，对外贸易会导致中国环境的恶化，如杨万平、袁晓玲（2008），邓柏盛、宋德勇（2008）分别运用中国数据，得出对外贸易恶化了中

---

[1] Mani, M. and D. Wheeler, "In Search of Pollution Heavens? Dirty dustry in the World Economy, 1960 – 1995", *Journal of Environment and Development*, Vol. 7, No. 3, 1998, pp. 215 – 247.

[2] Dua, A. and Esty, Sustaining the Asia Pacific Miracle, Washington, D. C., Institute for International Economics, Working Paper, 1997.

[3] Robinson, D., Industrial Pollution Abatement: the Impact on Balance of Trade, "Canadian Journal of Economics", XXI, No. 1, 1988.

[4] Antweiler, W., The Pollution Terms of Trade, *Economic Systems Research* 8 (4), 1996, pp. 361 – 365.

[5] Dasgupta, S., LaPlante, B., Wang, H., et al., "Confronting the Environmental Kuznets Curve", *Journal of Economic Perspectives* 16 (1), 2002, pp. 147 – 168.

[6] Copeland, B. R. & M. Scott Taylor, Trade and the Environment: Theory and Evidence, Princeton University Press, 2003.

国环境的结论。①② 许广月、宋德勇（2010）运用 1980—2007 年数据，也发现长期内出口贸易是碳排放的主要因素，从而印证了"污染天堂假说"和中国"转移排放"。③ 另一种观点却认为贸易自由化有利于中国的环境保护。如马丽、刘卫东、刘毅（2003）选用沿海地区 12 个省市 1998—2001 年的数据进行分析发现，在中国沿海地区，国际贸易是减缓其资源环境压力加大的主要贡献力量之一。④ 张连众等⑤（2003）、兰天⑥（2004）、李秀香等⑦（2004），分别利用中国面板数据分析得出贸易自由化有利于中国环境保护的一致结论。陈继勇、刘威、胡艺（2005）利用 1990—2003 年的相关数据，分析得出贸易开放度对环境污染有显著负效应。⑧ 另外，随着中国 FDI 的飞速发展，有些学者从 FDI 角度分析得出其对环境的负效应作用。如杨海生等（2005）运用面板数据得出了贸易自由化与环境之间的负向关系、FDI 与污染物排放之间存在显著的正相关结论，认为外贸在改善环境质量而 FDI 在恶化环境质量，FDI 的引入将加大中国越过 EKC 顶点的难度。⑨ 吴玉鸣（2003，2007）也运用中国 30 个省的面板数据分析得出 FDI 在恶化中国环境的结论。⑩ 宋德勇、易艳春（2011）

① 杨万平、袁晓玲：《对外贸易、FDI 对环境污染的影响分析——基于中国时间序列的脉冲响应函数分析》，《国际贸易问题》2008 年第 12 期。

② 邓柏盛、宋德勇：《我国对外贸易、FDI 与环境污染之间关系的研究：1995—2005》，《国际贸易问题》2008 年第 4 期。

③ 许广月、宋德勇：《我国出口贸易、经济增长与碳排放关系的实证研究》，《国际贸易问题》2010 年第 1 期。

④ 马丽、刘卫东、刘毅：《外商投资与国际贸易对中国沿海地区资源环境的影响》，《自然资源学报》2003 年第 5 期。

⑤ 张连众、朱坦、李慕茜：《贸易自由化对我国环境污染的影响分析》，《南开经济研究》2003 年第 3 期。

⑥ 兰天：《贸易与跨国界环境污染》，经济管理出版社 1998 年版。

⑦ 李秀香、张婷：《出口增长对我国环境影响的实证分析——以 CO_2 排放量为例》，《国际贸易问题》2004 年第 7 期。

⑧ 陈继勇、刘威、胡艺：《论中国对外贸易、环境保护与经济的可持续增长》，《亚太经济》2005 年第 4 期。

⑨ 杨海生、贾佳、周永章等：《贸易、外商直接投资、经济增长与环境污染》，《中国人口·资源与环境》2005 年第 3 期。

⑩ 吴玉鸣：《外商直接投资对环境规制的影响》，《国际贸易问题》2006 年第 4 期。

也发现 FDI 虽然因其技术外溢在一定程度上改善了中国环境质量，却都集中在污染密集型产业。[①] 还有学者认为贸易对环境效应非常复杂，不能简单地认定为单一的正面效应或负面效应。如沈荣珊等（2006）采用了 34 个发展中国家贸易开放的环境效应，发现自由贸易自由化的规模效应是负的，但在技术效应和结构效应的共同作用下，环境污染却会减少。[②] 陈红蕾、陈秋峰（2007）也以 SO_2 排放量为污染指标对中国贸易开放度的环境效应进行了实证研究，结果表明规模、结构和技术效应共同作用下可以减少污染排放。[③] 沈利生、唐志（2008）同样以 SO_2 排放量为污染指标，利用投入产出模型实证分析得出对外贸易有利于中国污染减排，但因出口产品结构的恶化导致对外贸易污染排放的逆差，而对外贸易增长速度快于减排技术进步速度使得出口产品的污染排放总量依然在上升。[④]

二　社会环境与国际贸易

如前所述，国际贸易总是在一定的社会环境中进行的，且社会环境对国际贸易的影响越来越大，但有关这方面的理论研究却很少。目前国内学者做了初步探讨的只有唐海燕，她提出了国际贸易环境论，主张将国际贸易环境视作一种资源，并认为国际贸易环境决定了对外贸易发展。[⑤] 笔者比较认同她提出的资源论与决定论，其详细的理论机理如下：

（一）国际贸易环境资源论

国际贸易是国与国之间的经济行为。和其他经济行为一样，国际

---

① 宋德勇、易艳春：《外商直接投资与中国碳排放》，《中国人口·资源与环境》2011 年第 1 期。

② 沈荣珊、任荣明：《贸易自由化环境效应的实证研究》，《国际贸易问题》2006 年第 7 期。

③ 陈红蕾、陈秋峰：《我国贸易自由化环境效应的实证分析》，《国际贸易问题》2007 年第 7 期。

④ 沈利生、唐志：《对外贸易对我国污染排放的影响——以二氧化硫排放为例》，《管理世界》2008 年第 6 期。

⑤ 唐海燕：《国际贸易环境论》，华东师范大学出版社 1999 年版。

贸易过程也需要相应的要素投入。古典国际贸易要素理论把生产要素归结为土地、劳动和资本。现代国际贸易新要素理论开始不断扩展和延伸生产要素的内涵，认为生产要素不仅包括传统的土地、劳动和资本三要素，而且还包括技术、人力技能、研究与开发、信息、规模经济与管理等一系列新型生产要素。按照新要素理论，生产要素不仅局限于生产过程的原始投入，还应包括那些能够影响或改变生产要素及其组合状态和效率的其他因素。也就是说，即使是在生产过程之外却能影响生产要素投入、使用及其效率的因素也应视作生产要素，更何况那些影响生产要素的因素，在生产要素投入到生产过程时事实上也已作为其附着物一起投入到了生产过程之中。据此我们认为，生产过程所处的社会生产环境也应被视为生产要素。如果将社会生产环境列为生产要素，那么也就可以把国际贸易环境视作国际贸易不可或缺的基本要素。它伴随于国际贸易的全过程，它和国际贸易的其他投入物一样发挥着要素的功能，对这一过程的运动和变化状况自始至终起着不可忽视的作用。因此，我们有理由把国际贸易环境看成是一种要素、一种资源，将其定义为：国际贸易环境资源，是指国际贸易环境作为一种新型的投入要素，参与国际贸易的全过程。这种环境资源论要求我们必须转变过去将国际贸易环境视作国际贸易外部约束条件的观念，而重新树立国际贸易环境的资源观念，重新审视国际贸易环境对国际贸易的意义和作用。环境资源论同样要求人们必须以全新的观念看待国际贸易环境，必须和对待其他资源一样来对待国际贸易环境资源。因此如何利用与保护此种特殊资源便无可厚非成为国际贸易环境资源论包含的命题之一，而且在当今国际贸易环境处于大调整时期研究此命题更具有理论与现实意义。

国际贸易环境资源与其他资源相比具有很多特殊性。首先，它是一种无形资源，具有不可贮藏性和不可分性，其次，具有明显的无选择性和非线性。因此，对它的利用主要指一国在发展对外贸易的过程中如何有意识地、自觉地发掘和运用国际贸易环境中有利于贸易增长与发展的各种因素，推动贸易发展目标的实现。从理论上说，无论国际贸易环境具有什么样的性质或处于什么样的形态，都不能改变其作为一种资源的本质属性，只不过是其作为资源的价值和可利用程度不同而已。因此，即使是最恶劣的国际贸易环境，仍然有它可利用的一面，但其可利用的价值大小，很大程度上取决于其利用者的利用能力。另外，其保护问题是指一国对外贸易在其发展、变化的过程中有意识地、自觉地保持和维护国际贸易环境不受损害，从而保障贸易稳定和健康地发展。此问题在对外贸易社会环境波动不定的今天来说非常尖锐，也越来越紧迫。因为贸易环境保护问题不仅涉及贸易与政治、经济、科技、文化等多个领域之间的协调与合作，而且还涉及国与国之间、区域与区域之间、各国际组织之间及其纵向之间的共同努力。因此不仅仅要从纯贸易角度考虑，还要从其他各方面、从更宏观的角度来思考和解决。

（二）国际贸易环境决定论

国际贸易社会环境强调政治、经济、科技、文化等因素及其状态对国际贸易的影响，但这种影响与作用具有何种性质，能发挥多大程度，这个问题一直被理论界简单地忽略与回避了。我们认为，国际贸易社会环境对于国际贸易具有决定性的作用。因为它不仅贯穿于国际贸易发生、发展和变化的整个过程，而且还决定了此过程中的各种主要因素及其基本状态。这种决定作用主要表现在以下几方面：一是它决定了国际贸易产生和发展的物质基础。国际贸易环境中的两个重要构成因素和制约因素是经济发展和科技进步。一方面，正因有了经济发展的推动，产品才能成为商品，社会分工才逐步延伸为国际分工，国内市场才逐渐扩展为国际市场，才有商品的国际流动——国际贸易。另一方面，没有科技进步推动社会生产力的发展，就不可能有国际贸易赖以存在的物质内容，也不可能有推动国际贸易发展的贸易工具和贸易手段的发明和改造，不可能有国际贸易。二是它决定了国际贸易赖以存在的国际关系条件。国际贸易的一般原则是自愿、平等和互利。因此，国际贸易的存在必须以相关国家之间友好和稳定的国家关系为前提条件。国际政治与外交关系是国际贸易社会环境中最重要的因素。它既能够大力地推动贸易发展，也能够简单地扼杀双边贸易或多边贸易。同时，经济关系、社会文化因素也是国际贸易赖以存在的国际关系所包含的内容。三是它决定了国际贸易的各种主要构成因素及其状态。国际贸易的构成因素主要包括贸易利益、贸易规模、商品结构、国别结构、贸易条件等。这些因素的形成和演变都是由国际贸易环境所决定的。四是它决定了国际贸易的格局、体制和政策及其趋向。如前面所分析的，国际贸易的格局、体制与政策是国际贸易环境的构成因素。然而，这些因素的形成、发展和演变，归根到底都取决于国际贸易所处的政治、经济、科技和文化环境及其变化。

另外，在国际贸易环境对国际贸易的决定作用方面，需要特别指出的是国际政治与安全因素这一极为重要的因素对国际贸易的影响和制约。表面上看政治与安全因素与国际贸易似乎不那么直接，实则不然。主要体现在：第一，政治与安全环境的宽松和稳定是国际贸易形成和发展的前提条件。国际贸易发展史表明，国际贸易健康稳定发展的时期，是国际政治与安全环境比较宽松和稳定的时期，而国际政治与安全局势动荡不安的时期，也一定是国际贸易急剧萎缩的时期。只有一国政局稳定、国际环境安全，对外贸易才能真正成为一国国内贸易的对外延伸和发展。第二，政治与安全环境直接影响和决定国际贸易各组成要素的基本特征。就拿国际贸易规模来说，在其他条件不变的情况下，国际政治与安全环境越是有利，国际贸易的规模就越大，反之就越小，最明显的对比是战争与和平时期的贸易规模差别。第三，政治与安全环境的变迁会改变国际贸易格局和趋势。从对外贸易发展史来看，政治与安全环境的急剧变化可以改变国际贸易的发展方向和发展格局。和平稳定的国际环境可以促进和推动国际贸易的迅猛发展；战争的突然爆发则可以阻断国际贸易。而战后新的政治与安全机制的建立和稳定又可以迅速恢复和发展国际贸易，并使国际贸易顺应新的政治与安全机制而形成新的发展格局，走向新的发展方向。

当然，国际贸易对国际贸易环境也具有反作用。这种反作用集中体现在国际贸易对国际贸易环境状态及其变化的影响。如对外贸易的规模、结构、利益及其分配等因素的变动，都会或多或少地引起外部环境的相应反应，从而引起贸易政策与贸易关系及整个经济、政治关系的变化与调整。而这种变化和调整一方面通过发生变化后的国际贸易的社会环境作用于国际贸易，另一方面又利用国际贸易社会环境的传递作用直接作用于其他非贸易成分，从而引起环境更广泛更深刻的变化。特别需要指出的是，国际贸易对其社会环境的反作用虽然在某些条件下力度很强，会引起外部环境的急剧变动，但一般情况下不会导致外部环境发生根本性的改变。

本章小结

本章主要论述了对外贸易环境问题。对外贸易环境包括对外贸易的自然环境和社会环境。各学者专家对自然环境关注颇多，社会环境由于其更复杂、更隐蔽、难以捉摸很少对它展开具体研究。文章对对外贸易的自然环境与社会环境给予了界定，并认为，与自然环境相比，社会环境的构成比自然环境更复杂、更细化、更具体，社会环境的形成与变迁更具有爆发性与跳跃性，社会环境对一国对外贸易的产生、发展与演变的影响和制约作用要远远超过自然环境。当然，二者之间也存在着相互作用与相互影响的关系。比如，为了保护自然环境，各国会对贸易商品进行环境规制，而这些规制便会演变为社会环境，最终又会对自然环境产生影响。文中接着总结了当今对外贸易社会环境的新变化：世界呈现多极化发展，新的国际政治格局逐步凸显；经济全球化盛行，大危机后的世界经济秩序进入新的调整期；全球思想文化呈现多元化发展。这些新变化总体而言打造了一个良好的国际贸易环境，有利于国际贸易的发展。另外，本书从自然环境与社会环境两方面剖析了环境与对外贸易的相互影响关系与机制。传统国际贸易理论都未考虑到国际贸易对自然环境的影响，目前，理论界认为国际贸易影响自然环境，而且学术界对国际贸易活动是否有利于保护环境，及其影响机制与途径进行了大量的研究，得出国际贸易活动对环境的最终影响是结构效应、规模效应、技术效应、商品效应等多种效应的综合影响，可能对自然环境有利，也可能破坏自然环境。而关于社会环境与国际贸易的关系，阐释了唐海燕提出的国际贸易环境资源论与决定论，即将国际贸易社会环境视作一种新型的投入要素，参与国际贸易的全过程，且认为国际贸易社会环境对于国际贸易的形成与发展具有决定性的作用。基于此，本书侧重于国际贸易社会环境，从对外贸易结构、"碳关税"及非关税壁垒三方面分析低碳经济带来的国际贸易环境的新变化以及这种变化如何影响国际贸易的发展。

第四章 低碳经济对国际贸易环境的影响

低碳经济作为一种全新的社会、经济发展模式，对全球的政治、经济及环境都造成很大的影响，势必也会影响当前国际贸易环境。这里我们仅从国际贸易的社会环境层面对其影响机制进行分析。

第一节 低碳经济对主要贸易大国贸易结构的影响

一国对外贸易结构是一国或地区经济技术发展水平、产业结构状况、商品国际竞争能力、在国际分工和国际贸易中的地位等的综合反映。低碳经济的提出与发展势必会影响到各国对外贸易结构的变动。特别是各国贸易中隐含的碳排放问题，已经引起多方的关注并展开研究。但它们的研究基本上是运用投入产出分析法计算贸易中的隐含碳排放量，从而提出贸易对碳排放的影响，对环境的影响，其立场与分歧在于贸易中的碳排放该由谁来负责，是生产者还是消费者，"污染者负责制"是否公平。却没有全盘考虑低碳经济的提出，对全球贸易环境、贸易结构到底会产生何种影响。

一 对西方主要贸易大国贸易结构影响的一般分析

对外贸易结构（Structure of Foreign Trade）是指构成对外贸易活动的要素之间的比例关系及其相互联系，它包括对外贸易活动主体之间、客体之间以及主体和客体之间的比例关系，主要表现为对外贸易商品结构（Commodity Composition of Foreign Trade）、对外贸易方式结构（Mode Structure of Foreign Trade）和对外贸易区域结构（Region Structure of Foreign Trade）等。这里主要分析对外贸易商品结构。目前，大多数国家都按照国际贸易标准分类（SITC）来统计有关对外贸易数据，因为选择国际贸易标准分类（SITC）有利于本国和他国的进出口商品结构作有效的对比。本章以国际贸易标准分类（SITC Rev. 1），对进出口商品进行分类统计，将国际市场商品分为初级产品（第0类到第4类）和工业制成品（第5类到第9类）两大类，并以此来分析各国的进出口商品结构。

（一）对美国的影响

美国自1993年起实施新的"国家出口战略"，采取了很多激励出口的措施，诸如积极倡导国际经济外交，为本国企业创造良好的出口环境；改革外贸管理机构的设置，为出口提供全方位的服务；扩大出口融资预算，拓宽融资渠道，强化对出口的金融支持；放宽对高新技术及产品的出口管制，增强美国企业的国际竞争力；开拓新兴出口市场，并针对这些市场制定出口战略等。这种战略的实施使得美国迅速成为贸易强国。据WTO《2010年国际贸易统计》，美国即使在深受经济危机的打击下，依然保持世界第一大进口国和第二大出口国的地位。其进口与出口分别占全球进口与出口总值的12.7%与8.5%。特别是2009年其服务贸易出口额占全球的14.2%，稳居第一。自2000年到2009年，美国对外贸易年平均增幅为3%，呈现出持续平稳的增长势头，2008年更达到12%。[①]（见图4-1）而2008年金融危机爆发后，美国外贸大幅度减少，但在2010年12月其进出口贸易额都创下了两年最高，出口增长了1.8%，进口增长亦达到2008年10月以来的最高。

---

① World Trade Organization International Trade Statistics 2010.

（百万美元）

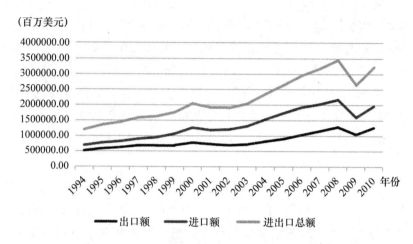

图4－1　美国对外贸易额（1994—2010）

资料来源：根据联合国统计司数据编制。

　　与此相对应，美国二氧化碳排放总量也一直呈现出增长的趋势（见图4－2），[①] 一直稳居全球碳排放大国之首。1990 年其排放量为

（百万公吨）

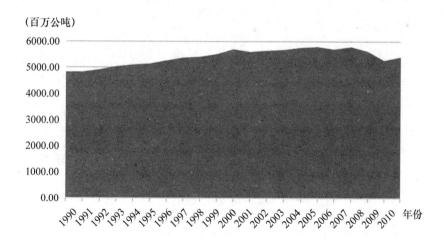

图4－2　美国二氧化碳排放量

资料来源：根据联合国统计司数据编制。

---

① AEO 2011 Early Release Overview.

48.24 亿公吨，2010 年为 54.09 亿公吨，比 1990 年增长了约 12%，而根据美国和中国共同发表的《针对气候变化中美联合声明》称，到 2020 年美国碳排放将在 2005 年的基础上减少 17%，争取到 2035 年减排 26%—28%。这一目标的实现是否意味着其对外贸易也相应缩减呢？无疑，有着"经济增长发动机"的对外贸易是不能减小其功能的，而要达成减排目标，必须分析其对外贸易商品结构的变化。

1. 美国出口商品结构

从表 4-1 可见，1994—2010 年，美国出口商品主要以工业制成品为主，且占比都超过了 80%。自 1997 年后，其工业制成品占比上升到 85% 以上，虽然因金融危机的影响，2008 年后一直略有下降，但始终在出口中占领主导地位。而其初级产品占比则不到二成。因为美国科技发达，因此其出口的工业制成品多以低能耗低排放产品为主，有利于其碳减排目标的实现。

表 4-1　　　　　　　美国出口商品结构变化　　　　　　　单位：亿美元

年份	出口总额	初级产品		工业制成品	
		总额	占比（%）	总额	占比（%）
1994	506.66	80.62	15.91	426.04	84.09
1995	577.87	96.85	16.76	481.01	83.24
1996	616.11	98.92	16.06	517.19	83.94
1997	681.84	94.95	13.93	586.89	86.07
1998	675.03	84.18	12.47	590.85	87.53
1999	687.56	80.18	11.66	607.38	88.34
2000	774.32	89.96	11.62	684.36	88.38
2001	726.13	88.39	12.17	637.74	87.83
2002	689.86	86.10	12.48	603.77	87.52
2003	718.78	96.88	13.48	621.90	86.52
2004	813.48	107.33	13.19	706.15	86.81
2005	898.80	121.03	13.47	777.77	86.53
2006	1028.24	144.58	14.06	883.66	85.94

续表

年份	出口总额	初级产品		工业制成品	
		总额	占比（％）	总额	占比（％）
2007	1149.10	178.98	15.58	970.12	84.42
2008	1281.04	246.62	19.25	1034.42	80.75
2009	1042.74	194.56	18.66	848.18	81.34
2010	1259.30	251.77	19.99	1007.53	80.01

资料来源：根据联合国商品贸易统计数据计算编制，http://comtrade.un.org/。

2. 美国进口商品结构

美国进口商品也以工业制成品为主，1994—2003 年工业制成品占比都在 80% 以上，但 2004 年后稍有下降，特别在 2008 年降至 70%，随后又略有回升至 75% 以上。与此相对应，美国进口的初级产品比例近几年稍有上升。由于初级产品一般碳排放相对较高，美国进口初级产品有利于本国生产过程中碳排放的减少，说明从碳排放角度考虑，近几年美国的进口商品结构日趋合理，有益于其环境保护和实现碳减排目标。

表 4-2　　　　　美国进口商品中工业制成品与初级产品比重　　单位：亿美元

年份	出口总额	初级产品		工业制成品	
		总额	占比（％）	总额	占比（％）
1994	687.10	112.89	16.43	574.20	83.57
1995	768.67	120.87	15.72	647.80	84.28
1996	814.89	138.65	17.01	676.24	82.99
1997	895.00	149.40	16.69	745.59	83.31
1998	940.78	129.57	13.77	811.20	86.23
1999	1056.18	149.95	14.20	906.23	85.80
2000	1255.42	213.37	17.00	1042.05	83.00
2001	1177.99	201.64	17.12	976.35	82.88
2002	1199.85	197.38	16.45	1002.48	83.55

续表

年份	出口总额	初级产品		工业制成品	
		总额	占比（%）	总额	占比（%）
2003	1302.16	244.67	18.79	1057.48	81.21
2004	1521.27	310.00	20.38	1211.27	79.62
2005	1727.89	400.06	23.15	1327.83	76.85
2006	1913.37	455.87	23.83	1457.50	76.17
2007	2012.49	489.19	24.31	1523.30	75.69
2008	2158.66	628.29	29.11	1530.37	70.89
2009	1593.17	386.03	24.23	1207.14	75.77
2010	1953.97	487.66	24.96	1466.31	75.04

资料来源：根据联合国商品贸易统计数据计算编制，http://comtrade.un.org/。

总之，美国的进出口商品结构比较合理，为其提出对他国实行单边措施"碳关税"提供了条件，也有利于其减排目标的实现。

（二）对欧盟的影响

欧盟 27 国作为全球一大经济体，其对外贸易一直在全球贸易中占有重要地位。从图 4-3 中可看出，2000—2010 年，欧盟进口与出口都呈稳步增长的趋势。2000 年其进出口总额为 1684327.48 百万美元，2010 年则达到 3737920.92 百万美元，增长了 2.22 倍。虽然由于 2008 年美国金融危机的影响，其贸易额有所减少，但依然保持着贸易强国的地位。

随着外贸的增长，欧盟 27 国总体碳排放量却在不断减少。由于欧盟的成员国不断增多，因此难以统计其总体排放量。但从其主要成员国来看，特别是贸易大国德国其碳排放量一直呈缓慢下降趋势，尤其是提倡实施低碳经济、节能减排的瑞典与英国却实现了碳排放量与对外贸易额的倒挂现象（见图 4-4）。当然，这在一定程度上也归功于其外贸商品结构的不断优化。

（百万美元）

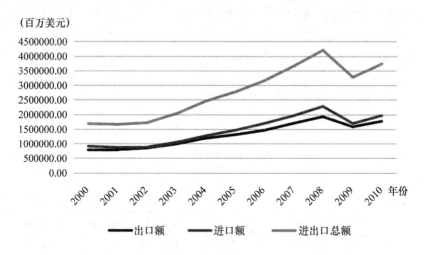

图4-3　欧盟历年对外贸易额

资料来源：根据联合国统计司数据编制。

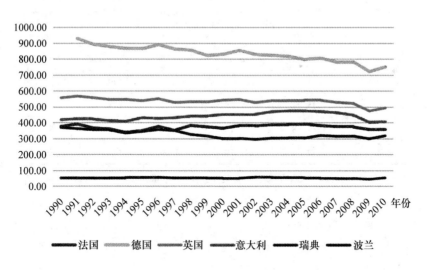

图4-4　欧盟各主要大国历年碳排放量

资料来源：根据联合国统计司数据编制。

1. 欧盟出口商品结构

由表4-3可见，进入21世纪以来，欧盟出口商品以工业制成

品为主，虽然自 2005 年起略有下降趋势，但在 2010 年至少也占了
86% 以上，而其初级产品仅占一成左右。欧盟作为提倡减排与发展
低碳经济的先行国，拥有先进的低碳技术和减排技术，因此其出口
工业产品隐含碳较少，为其以"碳泄漏"为由实施"碳关税"扫
清了障碍。

表 4 - 3 　　　　　　　　欧盟出口商品结构变化　　　　单位：亿美元

年份	出口总额	初级产品		工业制成品	
		总额	占比（%）	总额	占比（%）
2000	778.27	84.09	10.80	694.18	89.20
2001	789.37	78.74	9.98	710.63	90.02
2002	841.60	86.19	10.24	755.41	89.76
2003	982.86	102.17	10.40	880.69	89.60
2004	1185.55	125.19	10.56	1060.35	89.44
2005	1307.92	147.94	11.31	1159.98	88.69
2006	1457.84	178.50	12.24	1279.34	87.76
2007	1701.31	208.52	12.26	1492.79	87.74
2008	1925.71	259.86	13.49	1665.85	86.51
2009	1580.88	201.13	12.72	1379.75	87.28
2010	1772.54	242.59	13.69	1529.95	86.31

资料来源：根据联合国商品贸易统计数据计算编制，http://comtrade.un.org/。

2. 欧盟进口商品结构

欧盟进口商品中工业制成品占比一直较高，但略呈下降趋势。
2000 年为 74.02%，2010 年降至 66.47%。与此同时，进口的初级
产品呈现上升趋势，其占比从 2000 年的 25.98% 升至 2010 年的
33.53%，且在 2008 年达到最高 37.12%，进口额高达 845.24 亿美
元。可见，欧盟各国已在调整其进口商品结构，将碳排放高的消费
品改由他国生产进口，从而达到欧盟节能减排应对气候变化的

目标。

<table>
<tr><td rowspan="2">表4－4</td><td colspan="5">欧盟进口商品结构变化　　　　　　　单位：亿美元</td></tr>
</table>

年份	出口总额	初级产品		工业制成品	
		总额	占比（%）	总额	占比（%）
2000	905.76	235.36	25.98	670.40	74.02
2001	868.76	227.48	26.18	641.28	73.82
2002	874.63	230.04	26.30	644.59	73.70
2003	1045.87	282.91	27.05	762.96	72.95
2004	1270.25	359.37	28.29	910.88	71.71
2005	1460.92	464.66	31.81	996.26	68.19
2006	1692.66	564.01	33.32	1128.65	66.68
2007	1960.50	632.73	32.27	1327.77	67.73
2008	2277.29	845.24	37.12	1432.05	62.88
2009	1694.76	538.40	31.77	1156.37	68.23
2010	1965.38	659.08	33.53	1306.30	66.47

资料来源：根据联合国商品贸易统计数据计算编制，http://comtrade.un.org/。

　　总的来说，欧盟已在不断优化其外贸商品结构，基本以出口低碳的工业制成品为主，且逐渐增加对初级产品的进口，以减少本国生产活动的碳排放。

　　（三）对日本的影响

　　日本本土资源较为贫乏，其对外贸易发展非常迅猛。进入21世纪后，对外贸易总额2000年为858910.49百万美元，到2010年增长了1.69倍，达到1455000.00百万美元。且其进口增速高于出口增速。而其碳排放量1990年为109.4亿公吨，2000年增至121.9亿公吨，2010年达到116.9亿公吨，比1990年增长了6.9%，比2000年减少了4.1%。

（百万美元）

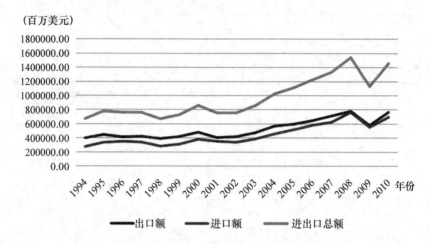

图4-5 日本对外贸易额

资料来源：根据联合国统计司数据编制。

（百万公吨）

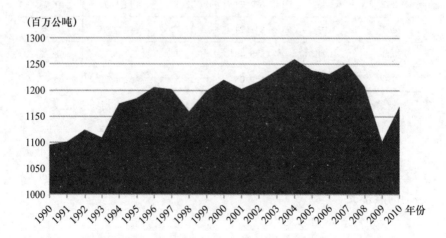

图4-6 日本历年碳排放量

资料来源：根据联合国统计司数据编制。

1. 日本的出口商品结构

由表4-5可见，1994—2010年日本出口产品基本完全以工业制成品为主，特别在1994—2004年的十年中工业制成品出口占比基本保持在98%以上。2005年后虽有所下降，但降幅很小，最小的比例发生在金融危机后的2008年，但也达到了95.81%。而其初级产品由于日本是个资源比较贫乏的国家出口甚少，最高比例才达32.53亿美元，占4.19%。可见目前工业制成品已成为日本出口贸易品的主流产品。而且日本出口工业制成品属于高技术产品，碳排放量低，因此日本出口额近几年增幅很大，但其碳排放量增加并不多。说明日本的出口商品结构比较优化，有利于其在当前的低碳经济时代占据优势地位。

表4-5　　　　　　　　日本出口商品结构变化　　　　　单位：亿美元

年份	出口总额	初级产品		工业制成品	
		总额	占比（%）	总额	占比（%）
1994	395.33	7.09	1.79	388.24	98.21
1995	442.57	7.90	1.79	434.67	98.21
1996	410.48	7.15	1.74	403.33	98.26
1997	420.49	7.38	1.76	413.11	98.24
1998	387.44	6.35	1.64	381.08	98.36
1999	417.03	6.51	1.56	410.52	98.44
2000	478.62	7.10	1.48	471.52	98.52
2001	402.75	8.05	2.00	394.70	98.00
2002	415.98	7.32	1.76	408.66	98.24
2003	470.79	8.32	1.77	462.47	98.23
2004	564.56	10.91	1.93	553.65	98.07
2005	593.52	14.20	2.39	579.32	97.61
2006	643.72	16.70	2.59	627.02	97.41
2007	710.71	21.58	3.04	689.13	96.96
2008	776.21	32.53	4.19	743.68	95.81
2009	576.23	23.38	4.06	552.85	95.94
2010	763.42	28.66	3.75	734.76	96.25

资料来源：根据联合国商品贸易统计数据计算编制，http://comtrade.un.org/。

2. 进口商品结构

日本进口商品结构中，自1994—2004年初级产品的进口比重呈
下降趋势，工业制成品的进口比重迅速上升。这主要因为90年代后
信息产业发展迅速，使日本原料等初级产品需求量减少，同时技术及
产业内贸易产品的需求增加。但由于2001年IT产业泡沫的破灭及
2008年金融危机导致原材料等价格的上涨，从2002年至今，工业制
成品进口占比又略有下降，2010年降至55.02%，而初级产品则相反
从2002年的37.91%上升至2010年的44.98%（见表4-6）。说明其
进口结构也在不断调整中，通过大量进口初级产品，减少本国生产过
程中的碳排放，有利于日本发展低碳经济。

表4-6　　　　　　　　　**日本进口商品结构变化**　　　　　　单位：亿美元

年份	出口总额	初级产品		工业制成品	
		总额	占比（%）	总额	占比（%）
1994	272.31	123.00	45.17	149.31	54.83
1995	332.84	137.24	41.23	195.61	58.77
1996	347.50	141.50	40.72	205.99	59.28
1997	337.50	137.85	40.84	199.65	59.16
1998	279.76	106.36	38.02	173.39	61.98
1999	308.97	116.23	37.62	192.74	62.38
2000	378.98	147.60	38.95	231.38	61.05
2001	348.86	134.64	38.59	214.22	61.41
2002	336.67	127.63	37.91	209.05	62.09
2003	382.77	147.77	38.61	234.99	61.39
2004	454.06	176.02	38.77	278.03	61.23
2005	514.53	213.81	41.56	300.71	58.44
2006	578.13	250.04	43.25	328.10	56.75
2007	621.28	271.26	43.66	350.02	56.34
2008	761.29	380.42	49.97	380.87	50.03
2009	551.16	241.97	43.90	309.19	56.10
2010	691.58	311.09	44.98	380.49	55.02

资料来源：根据联合国商品贸易统计数据计算编制，http://comtrade.un.org/。

二　对世界主要贸易大国贸易结构影响的实证分析

一国对外贸易结构，特别是商品贸易结构，归根结底是由该国的产业结构所决定的。很多研究表明，产业结构与对外贸易结构的关系是相对应的。另外，由于对外贸易商品结构的复杂性与不可量化性，直接分析低碳经济与它的关系不具有可操作性，本书将从产业结构的角度来实证研究低碳经济与对外贸易商品结构的关系。

(一)　分析模型及变量选择

低碳经济的实质是在保持经济增长的同时减少二氧化碳的排放量以减少对环境的污染。因它涉及能源消耗，一般学者专家在做实证研究时都以能源为视角，来考察产业结构变动对能源消费的影响度，研究的结果表明产业结构的变化会直接影响能源的消费需求、改变能源的消费结构。如史丹（1990）采用统计指数分析和回归分析两种方法，对中国产业结构变动对能源消费总量和能源消费结构的影响进行了定量分析，指出产业结构变动是影响能源消费的重要因素，将使中国的能源消费结构由以煤炭为主向以电力石油消费为主转化。[①] 但在低碳经济模式下，能源消费量的减少并不等同于二氧化碳排放量的减少，或者说能源消费并不一定能直接反映出低碳经济的发展水平。基于此，笔者直接用二氧化碳排放量来衡量低碳经济的发展水平。另外，鉴于各国经济发展水平不同，而各国经济增长都会直接或间接增加二氧化碳排放量，因此为了剔除这种影响，本书选取各国单位产出的 CO_2 排放量，即 CO_2 排放量与 GDP 的比值作为衡量各国低碳经济发展水平的指标，其值越小，说明其单位产出排放的二氧化碳量越少，其经济模式更趋于低碳经济。从图 4 - 7 可看出，俄罗斯高居榜首，这与其是能源大国正相符，而法国、英国、日本则较低。各国 CO_2 排放量与 GDP 的比值基本呈现出下降趋势，其原因可能在于技术进步对产出的贡献。但本书为了单独考察产业结构调整对二氧化碳排

①　史丹：《产业结构变动对能源消费需求的影响》，《数量经济技术经济研究》1999年第 12 期。

放量的影响度，且技术进步也会通过产业结构调整间接影响到二氧化碳排放量的减少，因此这里忽略技术进步因素。

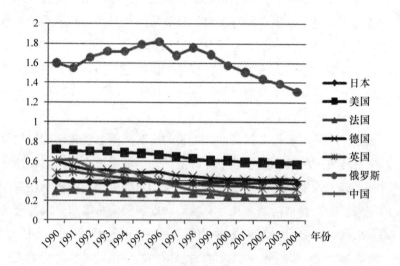

图 4－7　CO$_2$ 排放量与 GDP 的比值变动图

资料来源：各国 CO$_2$ 排放量与 GDP 的比值数据（中国除外）来源于联合国统计司《千年发展指标》，中国有关数据则是根据中经网数据及联合国统计司《千年发展指标》资料计算而得。

一个国家的产业结构指各产业占所有产业的比重，它是一国经济结构的重要组成之一。而产业结构调整是一个动态过程，所以只能用产业结构指标进行描述。通常衡量产业结构的指标有产值和从业人员数。从业人员数通常用来反映产业结构对于就业和失业的影响，产值指标主要反映经济结构。所以这里采用各产业产值占国内生产总值的比重反映产业结构。第一产业产值比重（％）（PIP/GDP）、第二产业产值比重（％）（SIP/GDP）、第三产业产值比重（％）（TIP/GDP）。图 4－8、图 4－9、图 4－10 分别描述了各国第一、二、三产业的变动情况，从总趋势分析可见各国都是由第一、二产业逐渐转向第二、三产业，但每个国家调整的步伐与幅度不一致，因而造成了各国产业结构的不同、经济发展方式的不同以及二氧化碳排放量的不同。

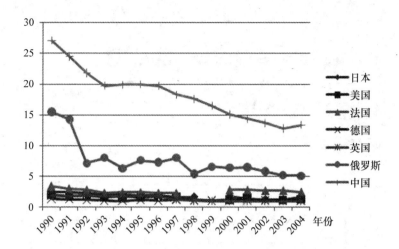

图 4 - 8　各国第一产业产值占 GDP 比值变动图

资料来源：根据各年《国际统计年鉴》资料编制。

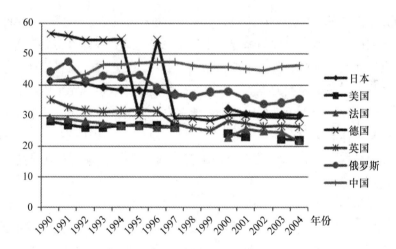

图 4 - 9　各国第二产业产值占 GDP 比值变动图

资料来源：根据各年《国际统计年鉴》资料编制。

　　另外，低碳经济的提出与实施是在当前经济全球化与全球气候变暖的大背景下，对它的研究视野应扩展到全球范围内，因此，关于产业结构调整对低碳经济的影响度应选择基于全球具有代表性国家的面

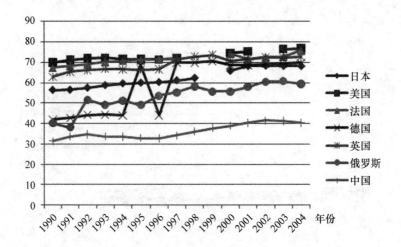

图4-10　各国第三产业产值占GDP比值变动图

资料来源：根据各年《国际统计年鉴》资料编制。

板数据模型进行实证更具说服力。面板数据也称平行数据模型，是时间序列模型和截面模型的综合，比上述两种模型有维度更高更全面的优点。面板数据模型分为不变系数模型、变系数模型、变截距模型、变系数不变截距模型四类。不变系数模型指个体成员既无个体影响也无结构变化，变系数模型对每个截面独自进行时间序列回归，个体成员既有个体影响也存在结构变化。变截距模型指个体成员存在个体影响而无结构变化，变系数不变截距模型指无个体影响但存在结构变化，形如：

$$y_i = \alpha + x_i\beta_i + u_i, \ i = 1, \ 2, \ \cdots, \ 3 \tag{1}$$

相比之下，变系数不变截距模型更符合本书初衷。各国经济发展水平不一样，其国情、产业结构调整程度各不相同，且本书只考虑产业结构调整这一因素对二氧化碳排放量的影响度而忽略其他诸如技术进步等因素，故建立变系数不变截距模型如下：

$$(CO_2/GDP)_{it} = \alpha_i = \beta_{1i}(PIP/GDP)_t + \beta_{2i}(SIP/GDP)_t + \beta_{3i}(TIP/GDP)_t + \mu_i, \ i = 1, \ 2\cdots7, \ t = 1, \ 2\cdots15 \tag{2}$$

（二）实证分析

由于数据的可获取性，本研究基于1990—2004年美国、日本、德国、法国、英国、俄罗斯及中国的碳排放量及产业结构相关面板数据，运用 Eviews 6.0 软件对模型进行了实证分析。因为产业结构调整指标里的第一、二、三产业的产值变动彼此相互关联，且在经济全球化的今天各国产业结构的调整也会通过彼此的对外贸易结构而出现联动，因此不可避免会出现异方差与自相关。而类似似乎不相关回归方法（简称"似不相关法"）可以自动修正横截面中出现的异方差和短期自相关，因此本书采用似不相关法（Cross-section SUR）加权 GLS 估计，由于 α_i 不显著，所以模型中不含截距项。估计结果如表 4-7 和表 4-8：

表 4-7　　　　　　　　　　**模型估计结果**

Weighted Statistics			
R-squared	0.993828	Mean dependent 多元线性回归	30.20542
Adjusted R-squared	0.992247	S. D. dependent 多元线性回归	22.36846
S. E. of regression	1.047967	Sum squared resid	85.66226
Durbin-Watson stat	1.613051		
Unweighted Statistics			
R-squared	0.985394	Mean dependent 多元线性回归	0.605556
Sum squared resid	0.287879	Durbin-Watson stat	0.826413

从表 4-7 看，由于估计方法选择的是 Cross-section SUR 加权的 GLS 估计，所以结果中给出了加权和未加权两种情况下的评价统计量。可以看出，加权的 GLS 估计的残差平方和明显降低，且 DW 统计量也明显提高。本结果中调整后的 R^2 为 0.992247，说明模型拟合程度较好，DW 值为 1.613051 通过检验。

表 4-8　　　　　　**产业结构调整对低碳经济影响模型**

Dependent 多元线性回归 iable：CO_2/GDP?	Included observations：15
Method：Pooled EGLS（Cross-section SUR）	Cross-sections included：7
Sample：1990 2004	Total pool（unbalanced）observations：99
Linear estimation after one-step weighting matrix	

多元线性回归 iable	Coefficient	Std. Error	t-Statistic	Prob.
J－－PIP/GDP	0.014268	0.009657	1.477489	0.1436
A－－PIP/GDP	0.022892	0.023619	0.973418	0.3334
F－－PIP/GDP	－0.009430	0.007913	－1.191770	0.2370
G－－PIP/GDP	0.151020	0.054104	2.791283	0.0066
B－－PIP/GDP	0.051490	0.030934	1.664525	0.1000
R－－PIP/GDP	－0.043391	0.014827	－2.926490	0.0045
C－－PIP/GDP	0.028910	0.002237	12.92280	0.0000
J－－SIP/GDP	0.003779	0.000724	5.220336	0.0000
A－－SIP/GDP	0.024028	0.002704	8.885446	0.0000
F－－SIP/GDP	0.010487	0.000983	10.66978	0.0000
G－－SIP/GDP	0.005032	0.000702	7.169824	0.0000
B－－SIP/GDP	0.010445	0.003249	3.214993	0.0019
R－－SIP/GDP	0.045338	0.006636	6.832504	0.0000
C－－SIP/GDP	0.001004	0.002527	0.397375	0.6922
J－－TIP/GDP	0.003630	0.000181	20.04432	0.0000
A－－TIP/GDP	8.22E－05	0.000576	0.142724	0.8869
F－－TIP/GDP	0.000374	0.000318	1.176885	0.2428
G－－TIP/GDP	0.001535	0.000680	2.257651	0.0268
B－－TIP/GDP	0.000235	0.000821	0.286563	0.7752
R－－TIP/GDP	0.003164	0.003236	0.977768	0.3312
C－－TIP/GDP	－0.005058	0.002587	－1.955055	0.0542

注：表中变量中的 J—日本，A—美国，F—法国，G—德国，B—英国，R—俄罗斯，C—中国。

从表4－8看，七个国家中除法国、俄罗斯以外，其他国家的第一产业发展会造成碳排放量的加大，而所有国家的 CO_2 排放量与第二产业发展成正比，第三产业则除了中国以外其他国家也会促进碳排放量的增加。但从各影响系数看，总体上第一产业、第二产业、第三产业的影响逐次递减，也就是说发展第三产业要比第一、二产业所带来的 CO_2 排放量少，但依然会增加碳排放量。当然，各国的经济发展状况不同，因而各国产业结构的变化对碳排放量的影响程度不一，如美国的第三产业给碳排放量带来的正相关影响相当小，只有 8.22E - 05；特别在中国，从其输出方程（3）可看出，中国的第三产业发展会减少碳排放量。

$$CO_2/GDP = 0.028910PIP/GDP + 0.001004SIP/GDP - 0.005058TIP/GDP \tag{3}$$

（三）研究结论

本书基于全球七大代表性国家（美国、日本、德国、法国、英国、俄罗斯及中国）的面板数据，构建了产业结构调整与二氧化碳排放量的变系数不变截距模型，运用似不相关回归法（Cross-section SUR），实证考察了产业结构调整与低碳经济的相关关系，得出如下结论：

1. 产业结构调整对低碳经济的影响很大。表 4 - 5 数据显示，德国的第一产业单位产值每增加 1%，其单位产出的碳排放量会增加 15%。低碳经济的发展模式要求有合理的产业结构，既可以维持经济增长又能保证低碳排放甚至零排放。所以要发展低碳经济，必须调整产业结构。

2. 一般而言，在产业结构中，第一、二、三产业的发展都会增加二氧化碳排放量，但单位产出增加量会逐次减少。从各国影响系数看，第三产业普遍小于第二产业，而第二产业又小于第一产业，如英国分别为 0.000235、0.010445、0.051490，英国第一产业占比每增加 1%，会导致 CO_2 排放量增加 5.1%；第二产业每增加 1%，会导致 CO_2 排放量增加 1.04%；而第三产业每增加 1%，只会导致 CO_2 排放量增加 0.02%。

3. 各国经济结构不同，所使用的技术不同，导致各国第一、二、三产业发展对二氧化碳排放量的影响度不同。如中国经济现正处于转型期，经济总量在全球排名第三，但因技术的不先进性，其第一产业、第二产业对碳排放量的影响相当高，但第三产业却能使其 CO_2 排放量减少。

第二节　低碳经济对主要贸易大国
关税的影响

低碳经济的提出与实施，对全球贸易环境的影响更多也更直接地体现在关税壁垒方面。由于全球对减排与共建绿色贸易达成的共识，直接催生了"碳关税"这一新的关税名目。"碳关税"作为一种特殊的边境调节措施，一旦实施必然会对全球贸易环境产生很大的影响。

一　主要贸易大国的"碳关税"

（一）美国的"碳关税"

美国是最早研究"碳关税"的国家之一。其提出的"碳关税"实质就是边境调节税，其初衷在于减少"碳泄漏"。而最近很多学者就不同国家特别是中国对外贸易中的隐含碳问题进行了研究。Shui and Harriss（2006）估算出如果从中国进口的产品改由美国自己生产，那么美国的碳排放就会增加3%—6%，而中国7%—14%的碳排放量是由美国消费产生的。[1] Peters and Hertwich（2008）测算了GTAP 六国 2004 年对外贸易商品的隐含碳。其中，中国出口贸易中的净隐含碳占了其整体排放的 17.8%，而美国进口产品中的碳含量占其排放总量的 7.3%，日本与德国分别为 15.3% 和 15.7%。[2] Pan et al.（2008）也计算出中国 2006 年净碳出口为 1.7Gt。[3] 这些研究表明从碳消费角度考虑，实施"碳关税"可能是减少全球碳排放量的较好途径。但另外一些学者如 Bhagwati and Mavroidis（2007），却

[1]　Bin Shui, Robert C. Harriss, The role of CO_2 embodiment in US-China trade, *Energy Policy*, 2006, 34（18），pp. 4063 – 4068.

[2]　Peters G. P. , Hertwich E. G. , CO_2 embodied in international trade with implications for global climate policy, Enviromental Science Technology Policy, 2008, 42, pp. 1401 – 1407.

[3]　Pan, J. , J. Phillips and Y. Chen. China's balance of emissions embodied in trade: approaches to measurement and allocating international responsibility, *Oxford Review of Economic Policy* 2008, 24（2），pp. 354 – 376.

从经济、法律、政治等角度质疑实施"碳关税"的可行性。[1] Alexee-va-Talebi et al.（2008a）运用 CGE 模型，计算得出结论：边境调节税可以更有效地保护国内产业竞争力，而一体化的碳排放交易机制更能减少国外的碳排放。[2] Alexeeva-Talebi et al.（2008b）模拟欧洲的碳排放交易机制市场得出其比边境调节税更为有效的结论；[3] Manders and Veenendaal（2008）发现在欧盟碳排放交易机制下实施边境调节税可以有效减少"碳泄漏"，也对欧盟有利，但对其他国家会造成福利损失。[4] Michael Hǔbler（2009）运用 2004 年 GTAP 七国的数据测算了商品贸易的隐含碳。其中，发达国家进口商品中隐含碳占其整个碳排放量的 15%，发展中国家出口产品隐含碳量占其碳排放量的 12%，而中国的出口商品隐含碳占其整体碳排放量的 24%，并指出 BTAs（"碳关税"）对减少全球碳排放几乎不起任何作用。[5] Niven Winchester, Sergey Paltsey & Jonh Reilly（2010）运用一个拓展的经济模型估测出，到 2025 年实施边境调节税（"碳关税"）可以减少 2/3 的"碳泄漏"，但对全球碳排放量的减少作用甚微，却会减少全球福利效应。并指出实施"碳关税"减少"碳泄漏"的成本代价较高，可通过其他成本更小的举措来减少"碳泄漏"。[6] 可见，学者们对"碳关税"的实施效用研究结果存在着不同的分歧。但总体而言，可以肯定的是"碳关税"的实施可能会减少一定的"碳泄漏"，但对全

---

[1]　Bhagwati, J. and P. C. Mavroidis. Is action against US exports for failure to sign Kyoto Protocol WTO-legal? *World Trade Review*, 2007, 6 (2), pp. 299 – 310.

[2]　Alexeeva-Talebi, V. , A. Loschel and T. Mennel, Climate Policy and the Problem of Competitiveness: Border Tax Adjustments or Integrated Emission Trading? ZEW Discussion Paper No. 08 – 061, 2008, p. 33.

[3]　Alexeeva-Talebi, V. , N. Anger and A. Loschel, Alleviating Adverse Implication of EU Climate Policy on Competitiveness: The Case for Border Tax Adjustments or the Clean Development Mechanism? ZEW Discussion Paper No. 08 – 095, 2008, p. 26.

[4]　Manders, T. and P. Veenendaal, Border tax adjustments and the EU-ETS-A quantitative assessment, CPB Document No. 171, 2008, p. 36.

[5]　Michael Hǔbler, Can Carbon Based Import Tariffs Effectively Reduce Carbon Emissions? Kiel Working paper No. 1565, October 2009.

[6]　Niven Winchester, Sergey Paltsey and Jonh Reilly, Will border carbon adjustments work? 13th Annual Conference Paper on Global Economic Analysis, Malaysia, 2010.

球碳排放量的减少却无济于事。

　　而美国政府对"碳关税"的态度也一直在矛盾中渐渐坚定下来。在应对气候变化，全球通力合作积极努力减排，签订了《京都议定书》时，美国却没有加入。美国这种消极态度使其在国际气候谈判中颇受指责。执行气候政策的先行国家、欧盟纷纷呼吁为防止"碳泄漏"、避免竞争力损失，应对美国和中国等没有承诺减排义务国家的进口产品采取边境税收调节（BTA）。同时，美国的消极不作为也引起国内环保人士的不满。尤其在 2005 年美国遭遇世纪飓风特里娜，造成近千亿美元损失，1800 多人死亡。美国政府由于救援不力备受指责。此后，气候环境问题在美国越来越受到重视。而随着民主党在 2006 年 11 月第 110 届国会选举中胜出，美国政府对气候问题的转向，美国国会随后亦提交了大量气候政策的提案。2007 年美国电力公司（AEP）建议，在美国，有关在国内实现总量控制与排放贸易制度下应引进"碳关税"条款，这一建议被国会的气候提案所采纳。至此，美国"碳关税"步入立法程序，即参议院议员乔瑟夫·利伯曼和约翰·沃纳于 2007 年提交的《利伯曼—沃纳气候安全法案》（以下简称《利伯曼—沃纳法案》）。2008 年金融危机的爆发导致美国经济严重衰退，奥巴马政府希望通过推动温室气体强制减排政策以及发展低碳经济来重振经济。而 2008 年参议院议员芭芭拉·鲍可瑟提交的 2008 年《利伯曼—沃纳法案》里面都有关于"碳关税"的具体规定。但在 2009 年 3 月，美国《时代》以及美国经济学家克鲁格曼都撰文说明奥巴马政府还在犹豫是否要实施"碳关税"。因为危机的爆发，各国经济都在复苏中，如实施"碳关税"可能引起贸易战，甚至贸易报复制裁。而这种犹豫转眼就消逝，到 2009 年 6 月 26 日，美国众议院通过了《美国清洁能源与安全法案》，明确将"碳关税"条款纳入相关的排污权交易制度之中。2009 年 7 月，美国能源部长朱棣文首次访华就积极向中国推荐"碳关税"，并声称美国提出征收"碳关税"并非是设立贸易壁垒，而是希望各国都发展自己的低碳经济和清洁能源技术。2010 年 5 月 12 日，民主党参议员约翰·克里（John Kerry）和独立参议员乔·利伯曼（Joe Lieberman）在美国参议院听证会上提出了参议院版气候法案草案。奥巴马总统又发表声明对该法案予以支持，表示希望能在年内完成立法。该草案涉及"碳关税"条款。[①] 而一些美国国内学者如 Houser（2009），反对奥巴马政府能源秘书长朱棣文提出的征收"碳关税"以使中国与美国处于同等竞争条件。他认为"碳关税"所带来的危害远不止于商品本身，更可能引发贸易战。

　　无论是美国学者还是政府对"碳关税"的看法不一，但能确定的是美国既然已经正式立法，而且早在 2008 年《利伯曼—沃纳法案》中对美国国内生产商和进口商要求都已做了具体规定，加上其提出"碳关税"，也可以减少节能减排政策对美国国内现有利益集团的冲击，减轻国内现有高能耗高排放产业企业的外部压力，亦可设置进口贸易壁垒从而缓解美国对发展中国家特别是中国持续多年的贸易逆差。因此从美国政府与国会对"碳关税"的态度来看，征收"碳关税"是必然的。美国在法案中也提出是 2020 年开始实施，至于其征收标准、如何操作尚在研究完善中。

　　（二）欧盟的"碳关税"

　　欧盟一直是倡导低碳经济、执行气候政策的先行国家。其低碳经济主要的政策性工具（已经实施、部分实施和正在规划）有三种，即"碳交易体系"（emissions trading scheme）、"碳税"（carbon tax）、"碳关税"（carbon tariff）。目前为止，运行最成功的是碳交易体系，基本覆盖了欧盟境内 55% 的二氧化碳排放量。由于欧盟境内在短期内仍然有 40% 的二氧化碳无法纳入配额限制，所以欧盟一直试图通过碳税来限制这些部门的二氧化碳排放，但这方面的努力成效甚微。1992 年欧委会试图建立统一的环境税的努力失败后，欧盟始终也没有建立统一的环境税，更不要说针对 27 个成员国制定一种统一的二氧化碳排放税（碳税）了。因此有学者如 Pan et al. （2008）研究"碳关税"是除了碳交易体系达到减排目标的最佳选择。[②] 但对于

　　① 蓝庆新：《国际碳关税发展趋势析论》，《现代国际关系》2010 年第 9 期。

　　② Pan, J., J. Phillips and Y. Chen, China's balance of emissions embodied in trade: approaches to measurement and allocating international responsibility, *Oxford Review of Economic Policy* 2008, 24 (2), pp. 354 –376.

"碳关税"，欧盟内部一直存在着不同的意见：一方主张实施，指出由于配额限制，欧盟产品的成本增加，对没有减排限制的国家产品缺乏竞争力。因此法国早在 2006 年底，时任法国总理德维尔潘就美国退出《京都议定书》提出征收惩罚性的"碳关税"性建议。2009 年 10 月，法国国民议会和参议院也紧随美国之后，开始对是否就 2010 年征收"碳关税"的议案进行了投票，最终该议案获得通过。2009 年 12 月法国总统萨科齐单方面宣布，将从新年开始对那些在环保立法方面不及欧盟严格的国家进口产品征收 35 美元/吨碳的关税，以后逐年增加。2010 年 1 月，萨科齐还提出 2010 年法国将继续推动设立欧盟"碳关税"，以加强针对"环境倾销"行为的斗争。加拿大也在制定相关政策。而西班牙、意大利、瑞典等国出于保护本国企业竞争力的目的都较为支持"碳关税"政策。另一方则主张暂缓，提出如果欧盟单方面实行"碳关税"，必然引起主要贸易伙伴的强烈不满，易引发贸易战，可能采取报复措施。因此以制造业为导向的欧盟出口大国德国反对征收"碳关税"。德国政府代表批评征收"碳关税"的提议，认为这是一种新形式的"生态帝国主义"。

不管欧盟内部各国所存在的分歧，正如欧洲政策研究中心能源气候项目负责人 Christian Egenhofer 所言："由于欧盟在减排上一直走在世界的前列，'碳关税'的启动可以帮助欧盟在未来的气候变化谈判中重得主导地位。"他还强调，欧盟急于考虑"碳关税"问题：一是因为欧盟内部的电力产业的设备较为老化，希望实现产业的升级；二是也希望促进碳市场的进一步发展。因此，可以预见的是欧盟会尽快达成一致意见，而且欧盟实行"碳关税"的障碍较实行统一的"碳关税"更少。主要在于：第一，关税属于边境调节税，这方面的决策权早就归属欧盟委员会，成员国反对的理由几乎没有。第二，"碳关税"针对的对象较明确，就是没有实行排放配额国家的制造业产品。第三，"碳关税"的税率也比较容易核定，只要根据欧盟碳配额的当前市场价格进行简单的加减法计算就可以了。第四，世界贸易组织有关环保条款中存在特殊规定，即为了环境保护或可持续发展的需要调整边境税。

（三）其他国家与地区的"碳关税"

2009年7月24日，联合国秘书长潘基文强调，应对气候变化关键要遵循"共同但有区别的责任"原则，充分考虑发展中国家的利益和主张。中国商务部发言人姚坚曾反复表示，少数发达国家推动征收"碳关税"的做法违背了《京都议定书》确定的"共同但有区别的责任"原则，事实上将成为贸易保护主义的新借口。

澳大利亚贸易部长于2011年3月也表示，政府将不会因为国内碳税政策而打开保护主义和贸易壁垒的大门。他表示，有人主张对那些没有加强环保或劳动法律的贸易伙伴采取惩罚性措施，特别是采取诸如"碳关税"等关税方面的措施，将损害澳大利亚自己的利益，吉拉德领导的工党政府将不会允许出现这样的情形。艾默森主张，对于澳国内受到碳排放税影响的企业，政府将考虑提供"免费排放许可"予以补贴，帮助它们应对新政策带来的影响并顺利过渡。

日本对"碳关税"也表示强烈反对。

二　"碳关税"对国际贸易环境的影响

以上是世界各主要贸易大国对"碳关税"的态度，可见"碳关税"的实施将势在必行。"碳关税"的实施对全球的影响并不是一无是处，正如全球化一样，其效应与作用也如"双刃剑"，具体表现在：

一方面，"碳关税"的实施有利于保护与改善对外贸易自然环境。很多学者认为"碳关税"的提出只具有政治经济意义，是不公平的，特别是对发展中国家，对环境保护则意义甚小。也有学者如Michael Hübler（2009）通过GTAP模型研究表明"碳关税"的实施无助于全球气候环境的改善，不会减少碳排放量，也不会对全球碳交易价格与体系产生很大的影响，只会引起"碳泄漏"。[①]但撇开政治立场的分歧与经济利益分配的不公平，"碳关税"的实施在一定程度

---

① Michael Hübler, Can Carbon Based Import Tariffs Effectively Reduce Carbon Emissions? Kiel Working Paper No. 1565, October 2009.

上是可以起到保护环境的作用。

1. "碳关税"在一国或地区的实施，会使该国或地区积极主动减排，从而有利于保护与改善自然环境。从法国与美国提出征收"碳关税"的初始目的来看，是由于它们认为在《联合国气候框架协议》《京都议定书》《巴厘岛路线图》及《哥本哈根议定书》等具体的减排规定里，承担义务多的国家，会在国内将减排权予以分配，由于减排权的限制，企业需要采用节能环保技术、工艺或设备，而这势必增加其成本从而减少其企业与产品的国际竞争力。因此，提出对进口的高能耗产品征收"碳关税"，以增强国内企业减排的积极性并保持其国际竞争力。从这个意义上讲，"碳关税"的实施的确可以使实施国的产业企业主动积极减排，而不用担心成本增加、竞争力减小了。而这点也可从相关学者的研究得到支持，如 Victoria Alexeeva-Talebi、Andreas Loschel、Tim Menne，它们通过建立一个固定的二国模型分析比较，边境税收调节和综合排污权交易都能达到增强国内产业竞争力及减排保护环境的双重目的，并且运用一个可计算的一般均衡分析方法得出：欧盟如采取单边的征收边境调节税政策可达到减排20%的效果。[①]

2. "碳关税"在一国或地区的实施，会间接迫使该国或地区以外的贸易国家和地区被动减排，从而保护与改善全球气候环境。从各国特别是发展中国家对"碳关税"问题的反应来看，随着全球气候问题的日益严重，虽然认为"碳关税"的实施有失公允，现在提出不合时宜，但各国都意识到必须改变目前的高能耗贸易产品构成，都提出国内产业要节能减排，降低排放量以免被征"碳关税"影响其产品竞争力及出口市场。从这个意义上讲，"碳关税"会形成一种倒逼影响机制，会迫使一些国家和地区的众多企业更加注重节能减排问题，将其作为其经营工作中非常重要的一环，并努力使企业向低碳企业发展。也就是说，"碳关税"作为一种外力会倒逼其他出口国家和

---

① Victoria Alexeeva-Talebi, Andreas Loschel, Tim Menne, Competitiveness in Unilateral Climate Policy: Border Tax Adjustments or Integrated Emission Trading? CESifo Venice Summer Institute, July, 2008.

地区的企业不断地进行转型升级，苦练内功，节能减排。这在一定程度上也起到了减少出口国碳排放的作用，从而保护与改善了全球气候环境。

另一方面，"碳关税"的实施可能会形成新的贸易壁垒。事实上，实施"碳关税"更多的是对全球贸易社会环境造成的反面效应与影响。正如《日本时报》评论说，征收"碳关税"将通过破坏贸易和投资来破坏对话，并埋下冲突的种子，只会让人类更加贫穷。美国《纽约时报》也发文评论，发达国家单方面征收"碳关税"，这种惩罚性的措施不会发挥作用，反而可能会挑起"冤冤相报"的贸易战。

（1）"碳关税"只具有政治经济意义，对减排的实质性影响并不大，想要利用"碳关税"来真正解决全球气候变暖的环境问题较为困难。一方面，"碳关税"的提出是基于保护减排国家的产业竞争力和防止"碳泄漏"，从其根本动机看出并不是为了真正解决全球气候问题。而且经过 OECD 的模拟研究，结果显示"碳泄漏"的影响是很小的。如果欧盟单独采取减排措施（到 2050 年减排 50%），它的"碳泄漏"比例（减排被其他国家抵消的比例）为 12%，如果整个发达国家都采取减排行动，"碳泄漏"程度不到 2%。而如果执行减排 50% 的方案，欧盟实施"碳关税"对其能源密集型产业的保护作用却微不足道，但采取这种行动的成本（占 GDP 的比例）却会从 1.5% 提高到 1.8%。[①] 另一方面，"碳关税"的提出与实施，对发展中国家而言极不公平。发达国家在经济积累的阶段也有过高排放、高耗能的阶段，根据"污染者付费"原则，发达国家对气候变化负有不可推卸的主要责任，因此应在进一步减少温室气体的排放方面承担主要义务。若在发展中国家经济的发展阶段施加此种技术贸易保护措施，将严重阻碍发展中国家经济的发展。有学者研究表明，如果依照进口产品的碳含量征收"碳关税"，将会对贸易伙伴的出口贸易和产

---

① OECD, Tackling the Climate Changes and Growing the Economy: Key Message and recommendations from recent OECD work, 2009.

出造成巨大的冲击。如 Mattoo 指出征收"碳关税"，中低收入国家的出口和实际收入分别会下降 8% 和 2.4%。[①] 因此，"碳关税"只是一项以环境保护为外衣的贸易保护措施，其无法真正实现在全球范围内进行"公平贸易"，也难以减缓全球的气候变化问题。世界贸易组织总干事拉米说过，"一项涵盖了所有主要温室气体排放者的多边环境协定，也是指导类似 WTO 的其他机构的最佳工具"。这意味着若想真正解决全球减排问题，还需要各国通力合作，任何单边的措施，如边境调节税等都只会被贸易保护主义所利用而无法实现真正的目的。

（2）"碳关税"的实施，对现行的国际贸易规则发起了挑战。首先，"碳关税"调节措施摧毁了联合国气候变化框架公约中所规定的"共同但有区别的责任"原则。面对气候变化，发展中国家的脆弱性大大高于发达国家。正因如此，《联合国气候变化框架公约》才规定了应对气候变化的"共同但有区别的责任"原则，而未规定对未履约发达国家采取惩罚性措施。通过"碳关税"来间接地强迫发展中国家参与强制性减排，是发展中国家不能接受的。因此发展中国家普遍认为，"碳关税"是借环境保护之名，行贸易保护之实。开征"碳关税"，将可能导致南北国家在气候变化问题上又重新陷入相互指责、对抗与僵持，是对当前解决气候问题原则的挑战。只有"共同但有区别的责任"原则才是未来国际气候合作得以推进的基础。其次，"碳关税"的实施也违背了 WTO 当前贸易规则。一是不符合 WTO 的最惠国待遇原则。最惠国待遇原则指缔约国一方给缔约国成员的所有优惠、豁免和特权必须无条件地提供给缔约国另一方。这实际上是要求 WTO 成员国对来自不同国家和地区的所有产品应该同样对待。根据美国商务部 2009 年资料显示，美国对世界上除古巴外所有国家的产品都实行最惠国待遇。按照"碳关税"条款的规定，美国免除来自最不发达国家、排放量很小的国家和采取"相当"措施国家的产品所缴纳的排放配额，实际上就是对最不发达国家和欧盟等

---

① Mattoo, A. et al., Reconciling Climate Change and Trade Policy, Policy Research Working Paper, No. 5123.

国免除责任，这样无形中就构成了对中国、印度等国的歧视。"碳关税"主要针对没有实施减排国家的"高碳"产品，具有对产地和产品歧视之嫌。二是"碳关税"也不符合 WTO 的反倾销税与反补贴税。如果因为美国认为进口产品没有包含减排成本，是一种"生态倾销"，将"碳关税"视作反倾销税。根据 WTO 关于倾销的定义，倾销是以低于本国市场价格或公平价格在国外销售的行为。但美国征收"碳关税"的商品显然不会低于本国市场价或公平价，因此不构成倾销。如果因为"生态补贴"被看做反补贴税，WTO 也不认为构成补贴。根据 WTO 规定，补贴是出口产品所在国对该产品进行直接或间接的奖励行为。但发展中国家对高碳产品的出口并无奖励，反而实施限制（如征收出口税）。因此，"碳关税"既不符合 WTO 的反倾销条款也不适合反补贴条款。另外，WTO 规则允许征收产品税，对征收过程税则须进一步甄别，仅允许对融入最终产品的投入征税。①而《美国清洁能源与安全法案》中所设计的"碳关税"恰是针对未被融入最终产品的投入征税，因此，这种"碳关税"是被 WTO 协定所禁止的。一旦发达国家将"碳关税"的实施规则凌驾于 WTO 规则之上时，这将对发展中国家特别是中国造成巨大的影响。而且事实上关贸总协定（GATT）第 20 条规定，一国凡为了"公共秩序"或重要合法政策目的而采取的措施，可背离 GATT 与 WTO 的基本规范。发达国家完全可以借节能减排或环境保护这一重要国际议题为由将发达国家征收"碳关税"的标准强加在发展中国家之上，并有可能通过此条规定将"碳关税"的征收凌驾于 WTO 规则之上。而从以往的经验来看，WTO 在有关气候问题的贸易争端的解决上一般很难有作为。为此发达国家极有可能会在将来在"碳关税"问题上形成同盟对发展中国家发难。可见，"碳关税"的实施，已经对现行有关气候贸易规则形成新的挑战与威胁，并埋下贸易壁垒隐患。

（3）"碳关税"的实施，会使全球贸易萎缩，延缓全球的经济复

① Joost Pauwelyn, U. S. Federal Climate Policy and Competiveeness Concerns: The Limits and Options of International Law, Nicholas Institute for Environmental Policy Solution, Duke University Working Paper, 2007.

苏。一方面，从历史上看，一旦美国等一些发达国家实行"碳关税"
制度，很可能会导致中国等新兴大国的贸易报复措施，全球贸易有可
能会因此萎缩，给经济危机中的各国造成很大的伤害，延缓全球经济
的复苏。另一方面，作为新型的绿色贸易壁垒，"碳关税"一旦付诸
实施对全球贸易自由化的危害将远超出其在减排上所做的贡献。就拿
全球出口贸易排第二的中国来讲，中国已成为全球第一大碳排放国，
每百万美元 GDP 所消耗的能源数量是美国的 3 倍、德国的 5 倍、日
本的近 6 倍。2007 年美国进口的高碳商品中，有 11% 来自中国，包
括 15% 的进口钢铁、6% 的进口铝制品、12% 的进口纸品、19% 的进
口混凝土（吴玲琍，2009）。一旦在 2020 年被美国征收"碳关税"，
则出口额将大幅度缩减，中国经济也势必受到重挫，从而影响全球经
济贸易的复苏与发展。

（4）"碳关税"的实施，会改变未来国际贸易格局，加剧"南北
不平衡"。目前的国际贸易格局是在经济全球化、一体化背景下，
WTO 框架下形成的各国通力合作，积极应对气候危机、经济危机的
贸易自由秩序。虽然在金融危机爆发后，出现了贸易保护主义的风
潮，但总体上还是以维护自由贸易、发展国际经济贸易合作为主。而
"碳关税"的实施，无疑会改变这一格局，特别会影响到发达国家与
发展中国家的信任与公平关系。在许多发展中国家的感受中，征收
"碳关税"将成为某种暗箱操作手段，以迫使它们也接受与发达国家
同样程度的减排。而这绝对是不公平的，也有害于全球发展中国家和
发达国家间信任的建立。有更多的办法可以促使发展中国家的碳密集
型或能源密集型工业加入减排的国际共同行动。以碳排放总量居全球
第二的发展中国家中国来说，自 2005 年起，诸如焦炭、钢铁和水泥
这样的能源密集型产品出口的迅速增长带来了强大的资源环境压力，
中国政府充分意识到了这一点，先是取消了这类产品的出口退税，接
着又开始征收出口税，并逐步提高税率。中国政府采纳了来自环保部
门的建议，主动采取了这一关税调节举措，大幅度降低了相关产品的
出口额，比如焦炭 2009 年前五个月的出口比去年同比下降了 97%。
现在，环保部正在研究各种绿色税收的可行性。毫无疑问，发展中国

家应当得到充分的鼓励去实施这样的减排举措。一方面，这在一定程度上回应了发达国家所担忧的公平竞争问题；另一方面，长期来看这也将使发展中国家得益。毕竟就人均而言，发展中国家的资源基础要比发达国家脆弱，因此资源的大批量出口以及能源密集型产品的大量出口并不符合发展中国家的长远利益，哪怕在某种狭隘的经济意义上，这些资源密集型产业在发展中国家更有效率。不过，在一段时间框架内，这些举措应当是自愿的，而不是强迫性的，因为发展中国家需要政策空间以便自行决策，而不是被迫过早承担同等的减排责任。正如在蒙特利尔保护臭氧层协议中，允许发展中国家有更长的缓冲期淘汰破坏臭氧层的化合物，进口国所采取的关税调节措施只应当作为最后的手段而采用。比如说，如果美国继续拒绝承担发达国家应该承担的责任，其他国家将有权对美国产品征收"碳关税"。如果一些发展中国家的某些产业部门，在规定的宽限期后仍然拒绝采取主动措施减排，其他国家有权考虑对其征收"碳关税"。然而，现在欧美提出的"碳关税"或边境调节税，只是发达国家的单边行为。这非常不利于国际间共识的达成，不利于全球贸易的自由正常进行与发展，同时也加剧了南北的发展不平衡。

正因为"碳关税"对外贸环境的不同效用，各国对"碳关税"持有不同的态度。而几大贸易国的态度关系到全球的"碳关税"实施及其影响。下面分别探讨一些各贸易强国对"碳关税"的态度。

第三节 低碳经济对主要贸易大国非关税壁垒的影响

如前所述，低碳经济的提出及实施必然对当今国际贸易规则影响深远。"碳关税"的实施目前尚有更多的质疑与不确定性，也缺乏实施细则与标准。但非关税壁垒由于其特殊的隐蔽性与直接性，被各国纷纷以低碳经济和保护环境的口号与名义来实施用以直接或间接限制甚至禁止贸易。非关税壁垒正以绿色贸易壁垒、碳标识及低碳技术标准等方式构筑环境壁垒，阻碍着世界贸易的自由发展。

一　美国的环境壁垒

（一）技术法规

美国很早就已颁布《植物检疫法》《联邦植物虫害法》《动物福利法》等，对入境的农产品及食品实行苛刻的检疫、防疫制度，使得许多发展中国家产品因不达标而难以进入美国市场。最近又于2009年颁布了若干关于实施2008年《消费品安全改进法案》的法规要求，规定了一些重要的时间节点和可以豁免的物资。2010年奥巴马正式签署了以美国加利福尼亚大气资源局（CARB）法案为基础的《复合木制品甲醛标准法案》，新法案的实施将提高企业生产和检测成本、延长在进口国口岸的通关时间，还可能因限量标准的提高而导致被国外通报甚至被退回，同时企业必然要对生产原材料进行升级。这些法规的制定，为美国设置贸易壁垒披上了合法的外衣，使一些国外出口商出口成本更加增大，甚至无法进入美国市场。

（二）绿色技术标准

2000年美国国家标准协会颁布了《国家标准战略》，这一"标准战略"不仅通过"标准先行"实现对国际市场的控制，而且可以打破欧盟与日本技术壁垒。美国还通过立法手段制定了一整套防止环境污染的强制新技术标准。特别在2009年出台了若干节能标准，以达到减排目的。如美国交通部规定了2011年份型号汽车和轻型卡车的燃料节约标准，这些标准将提高行业范围综合平均数至27.3英里/加仑。美国能源部发布了关于住宅厨房灶具和烤炉的烹饪效率的能源节约标准等。2009年12月，美国还制定了船舶污染气体排放新标准，新标准将使大型船舶排放的氮氧化物减少约80%，固体颗粒物减少约85%。新的节能与排放技术标准对于美国国内生产商是可行的，但对国外生产商却构筑了新的贸易壁垒。

（三）绿色环境标志

美国绿色环境标志是一种经美国有关机构合格评定后同意加贴在产品和包装上的图形，表明该产品不仅符合质量技术标准，更符合环保要求，对生态环境与人类健康均无损害。美国FDA、FTC、HACCP

等认证都有很多关于环保的规定，大大增加了进口成本。而发展中国家由于还处在工业化阶段，其环境标准远不如美国，其提出产品相关认证时很难得到批准，因此其产品不能进入美国市场。如 2009 年 11 月 17 日，美国环保署公布了音频视频产品获得能源之星标签的新要求。新要求规定音频视频产品需减少能耗，在停止使用一段时间后自动断电，且只用少量电力就可维持设备基础设置和功能的使用。

（四）绿色包装制度

美国制定了多项法规以大力推行绿色包装制度，要求产品包装能节约资源，减少废弃物，易于回收再用或自然分解，不污染环境。1988 年美国为 36 个州联合立法，要求在塑料制品、包装袋、容器上使用绿色标志、再生标志等。美国至今已经有 37 个州分别立法并各自规定包装废弃物的回收定额。另外，美国是世界上食品标签要求最严的国家之一，其食品标签有 22 种且逐年修补，对达不到要求的外国产品限制进口。由于发展中国家难以达到上述标准，因此绿色包装成为其产品进入美国市场的又一道贸易壁垒。

（五）绿色卫生检疫制度

美国对进口产品实施多种 SPS 措施，为严格控制农产品的输入采取了高标准的食品与卫生检疫手段。早在 1975 年美国就实施国家药物残留计划（NRP），规定动物在屠宰前必须检查激素、抗生素、重金属及杀虫剂的各种残留。1982 年建立了《避免动物源性食品药物残留数据库》，供兽医和养殖者查询。对新鲜蔬菜的农药残留限量制定了 98 种农药 620 个限量标准。而这些检测标准不断提高，使得外国产品极难进入美国市场，美国已将 SPS 措施变成了一个保护国内市场的有效工具。如美国对进口荔枝的检验检疫要求近乎苛刻：不能带有活虫、树叶，果柄不能超过 10 厘米，农药残留不能超过一定的限量。对进口荔枝的冷处理标准更是非常苛刻，必须在 1℃ 的恒温下连续存放 15 天。

二　欧盟的环境壁垒

欧盟的环境壁垒主要体现在对以下几个行业进口产品的限制与禁

止方面。

（一）进口农产品与食品

对进口农产品与食品，欧盟要求出口国厂商不仅要达到相应的卫生标准，而且必须符合欧盟的生产技术规范。而近年来，特别是金融危机的爆发及低碳经济提出后，欧盟频频颁布与修改食品安全政策及相关技术法规。如欧盟于 2009 年 5 月起对含有生物杀伤剂富马酸二甲酯（DMF）的产品实施销售禁令。而到 2010 年 3 月 11 日，欧盟发布第 2010/153 号欧委会决定，决定将此销售禁令延长一年，至 2011 年 3 月 15 日。2010 年 3 月 23 日，欧洲委员会公布第 2010/169/EU 号决议，决定修订用于制造接触食品的塑料添加剂名单，规定生产商须于 2011 年 11 月前，把使用"2，4，4' – 三氯 – 2' – 羟基二苯醚"作为添加剂的塑胶物料和物品退出欧盟市场。可见，欧盟用其严格的法规与标准，为其国内市场构筑了一道贸易屏障。

（二）进口纺织品与服装

为限制进口纺织品与服装，欧盟制定了严格的规定。其中最有影响力的是欧盟生态纺织品标准及其技术法规。最早的纺织品标准 Eco-Label 是根据 1992 年 2 月 17 日欧盟委员会 1999/178/EC 法令而建立的。2002 年 5 月 15 日，公布了欧盟判定纺织品生态标准的新标准。它分为三个主要类目即纺织纤维标准、纺织加工和化学品标准、使用标准的适用性。新标准不仅增加了对纺织品和服装的检测项目，而且提高了检测标准，比 Oeko-Tex Standard 100 标准更严。另外，欧盟的生态标签是由欧盟执法委员会根据 880/92 法令建立的。申请该标签纯属自愿行为，企业希望借此提高公众的环保意识，从而培育自己的市场，也有的是为了提高企业产品的知名度。2009 年 7 月 28 日，欧盟公布了新鞋类生态标签规则，规定所指的鞋类包含所有拥有接触地面的固定外鞋底以及旨在保护或覆盖脚部的服装，鞋类产品不应包含任何电动或电子部件。此外，该规则还对皮革生产中排出的废水量，皮革和纺织品废水中 COD 的含量等做出量化限制，对部分原"无要求"的化学指标明确了可遵照的其他规定。

（三）进口机电产品

欧盟于 2003 年颁布了两道环保壁垒型指令，即《废弃电子电气设备指令》（WEEE 指令）以及《关于在电子电气设备禁止使用某些有害物质指令》（RoHS 指令），被称为"双绿指令"。其中，WEEE 指令规定进入欧盟市场的电子电气产品自 2005 年 8 月 13 日起加贴回收标识，其生产商必须承担支付自己报废产品回收费用的责任。而 RoHS 指令则要求投放欧盟市场的电子电气设备中所含的六种有害物质不得超过规定限值。这两项指令使出口厂商的成本大幅度上升，因此对外国机电产品出口到欧盟形成了严峻的挑战。而随着低碳经济的提出，减排任务的落实，欧盟目前已通过 RoHS 指令修正法案，并正在对 WEEE 指令进行重新修订。修正修订后将使部分地区这两项指令的实施措施更为严格。另外，近日欧盟理事会通过了电池容量标签草案。该草案一旦获欧洲议会通过，可携式电池、汽车电池及蓄电池的出口准入门槛将大幅度提高，对于电池及供电产品制造商来说影响深远。2011 年 3 月，欧盟发布《执行耗能产品生态化设计指令的委员会条例（草案）》，该草案为空调设置了最低能效、最高噪声水平以及信息要求，并为电热风扇设置了信息要求。根据欧盟规定，对不符合要求的产品将不能进入欧盟市场。可见，欧盟的高技术环境标准越来越使外国产品难以进入其国内市场。

（四）进口食品容器与包装材料

欧盟颁布了 2002/12/EC 指令，要求各成员国自 2003 年起禁止加工和进口含有二乙烯基苯且不符合该指令中有关限量规定的塑料原料及制品，2004 年起在整个欧盟范围内禁止加工和进口不符合该指令规定的与食品接触的塑料原料及其制品。

（五）其他类进口产品

2009 年 11 月，欧盟委员会发布决定，规定在由 90％以上实木或以木质为基材的家具中使用欧盟生态标签。该决定规定，禁止此类产品中含有有机卤化物黏合剂、氮丙环、聚氮丙环、含有重金属的染料和添加剂，以及添加阻燃剂。此外，该决定还对纤维板和刨花板中的甲醛排放限值做出规定。2010 年 12 月 4 日，欧洲化学品管理署

（ECHA）成员国委员会达成一致意见，确定 15 个物质为高度关注物质（SVHC）。

总之，欧盟通过制定与实施上述各类严格的 SPS 措施，对外国产品进入欧盟市场设置了重重环境贸易壁垒，从而保护欧盟地区的相关产业竞争力。

三 日本的环境壁垒

（一）技术法规

日本为了限制农产品与食品进口，设置了很多法规，诸如《食品卫生法》《动植物检疫法》《家禽传染病预防法》《有机农产品蔬菜、水果特别表示准则》《蚕丝法》《农林屋子规格化和质量表示标准法规》等。2000 年以来，日本围绕《食品卫生法》对农产品和食品安全的技术法规和标准进行了多次修改，致使其对进口农产品和食品安全管制日益严格。2005 年 6 月，日本政府第六次修改《食品卫生法》，公布了《食品中残留农业化学品肯定列表制度》（简称《肯定列表》）的最终方案，并于 2006 年 5 月 28 日起正式实施。《肯定列表》的核心是禁止含有未制定最大残留限量标准且含量超过一定水平的农产品、食品在日本销售。2010 年 4 月 7 日，日本厚生劳动省发布 G/SPS/N/JPN/246 号通报，对三唑磺酰胺类杀菌剂（Amisulbrom）、异稻瘟净、甲苯氟磺胺、新喹唑啉（间二氮杂苯）类杀虫剂（Pyrifluquinazon）、嘧螨酯、头孢喹咪和喹乙醇的最高残留限量进行了修订，并发布 G/SPS/N/JPN/247 号通报，将 2 - 乙基 - 5 - 甲基吡嗪、异戊胺、硅酸镁列入食品添加剂名单，并设定了这些物质的标准及规格。2010 年 4 月 16 日，日本厚生劳动省发布加工食品中使用稀释过氧苯甲酰（Benzoyl peroxide）的通知，规定日本将要求进口商提供面粉中稀释过氧苯甲酰的使用量及过氧苯甲酰含量，凡面粉中稀释过氧苯甲酰超过 66mg/kg 的均视为违反食品安全法第 11 条规定。

这些制度与法规的实施，大幅度抬高了日本的农产品和食品准入门槛。

（二）严格的卫生检疫措施

日本的卫生检疫体制比其他国家都复杂，进口的农产品、畜产品和食品需要通过农林水产省的动植物检疫和厚生省各地检疫所的检疫。而且规定凡是来自或经过一些国家带有某种病虫害寄生的植物，一律禁止进口。日本的进口食品卫生检疫主要有命令检查、监测检查和免检。但对进口产品主要采取前两类，而对本国产品则大多免检，且进口产品在检疫合格后还要接受各地方自治体保障所的随时检查。更为特别的是，日本还可根据具体情况对进口数量较大的国家实行歧视性措施和苛刻的卫生检疫标准。这样，从检疫标准和程序等来看，进入日本的外国产品面临的环境障碍重重。

（三）环境标志和标签制度

为限制进口产品，日本还实行环境标志和标签制度。根据日本《消费品安全法》、《消防法》、《可回收资源利用促进法》和《计量法条例》等有关技术法规的规定，要求相关产品必须贴附相应的标签标志方可投放市场，如：安全标志（S 标志）、耐火标志、Ni-Cd 标志、衡器标志等。还有一些生产商可以自愿贴附 SG 标志（安全产品标志）、SF 标志（安全烟花标志）、Q 标志（优质标志）、JIS 标志、JAS 标志等。但事实上，自愿贴附的标志虽非强制性的，但如无这些标志，产品基本不可能进入日本市场。又如日本的碳标签制度，从 2009 年 4 月开始试行，首批允许使用碳标签的粳米、菜油、洗衣粉等产品已于 2009 年 10 月进入市场流通。截至 2011 年 2 月 16 日，日本碳标签制度涉及的产品种类已扩大至 94 类，广泛涉及农产品、轻工和部分机电产品。该制度本身虽不构成对进口产品的强制性技术要求，但可能导致日本消费者优先选择本国低碳产品，从而使进口产品处于竞争劣势。另外，日本消费者厅自 2010 年 1 月起加强对进口食品日文标识的管理。无日文标识或日文标识不符合规定的进口食品将被禁止销售。违反该规定的进口商、销售商将被处以警告或罚款。

由于美国、欧盟、日本是全球三大贸易强国，以上它们实施的各种环境壁垒无疑会造成全球贸易环境的复杂化，特别是它们对低碳经济的追求与实施使得它们的非关税壁垒形式日益多样化，为国际贸易的自由发展设置了种种障碍，不利于全球，特别是发展中国家贸易与经济的顺利持续发展。

本章小结

本章主要论述了低碳经济对国际贸易环境的影响。从对外贸易结构、"碳关税"及环境壁垒方面考察了由低碳经济引起的主要贸易强国与地区（美国、欧盟、日本）的国际贸易环境变化。对外贸易结构方面，主要分析了美国、欧盟及日本三个贸易强国与地区近年来对外贸易结构的特点与变化，以及它们碳排放量的变化趋势，指出上述各国家与地区都因对外贸易额的增多其碳排放量也增多。但由于这些发达国家与地区进出口商品结构中，工业制成品所占比重较大，且工业制成品中低耗能、低排放产品居多，说明发达国家的贸易产业结构已得到优化，贸易商品碳排放量小。因此它们可以利用这种优势给发展中国家，特别是中国施加减排压力，利用"碳关税"及各种碳标准等非关税手段制造新的贸易壁垒。本章还运用了变系数不变截距模型对世界主要贸易大国的产业结构与碳排放量的关系进行了实证分析，从而间接分析其对外贸易结构与低碳经济的数量关系，得出结论：一般而言，第一、二、三产业的发展都会增加二氧化碳排放量，但单位产出增加量会逐次减少。从各国影响系数看，第三产业普遍小于第二产业，而第二产业又小于第一产业。但同时，由于各国经济结构不同，所使用的技术不同，导致各国第一、二、三产业发展对二氧化碳排放量的影响度并不相同。因此发展低碳经济，必须视国情合理选择主导产业与外贸出口产业，加快产业结构与对外贸易结构的调整以保证对外贸易环境的优化。"碳关税"及环境壁垒方面，指出"碳关税"虽然在一定程度上有利于自然环境的保护，但更主要的是引起各种贸易争端与分歧，恶化国际贸易社会环境。另外，主要考察了美国、欧盟、日本等贸易大国与地区对"碳关税"的态度，其中美国政府已提出在 2020 年将实施"碳关税"，且已形成立法。欧盟各国对"碳关税"态度不一，如法国强烈支持，德国反对。日本与中国等都持反对态度。但总体而言，未来实施"碳关税"可能势在必行，这将对国际贸易环境形成一种消极影响，不利于国际贸易的发展。另外，美国、日本、欧盟目前正以低碳经济的名义实施各种环境壁垒，如绿色贸易壁垒、碳标识及低碳技术标准等，阻碍着世界贸易的自由发展。总之，在追求与实施低碳经济的过程中，世界主要发达国家提出的"碳关税"与实施的非关税环境壁垒，将使国际贸易环境更加复杂。特别是美国和欧盟主张单边实施"碳关税"势在必行，日本的碳标签制度等无疑会造成国际贸易环境的复杂化，为国际贸易的自由发展设置了种种低碳障碍，不利于全球，特别是发展中国家贸易与经济的持续与健康发展。

第五章　低碳经济对中国外贸环境
影响的实证分析

中国作为发展中国家的贸易大国，亦是全球碳排放大国。低碳经济的提出与实施一方面有利于中国注重低碳发展对外贸易、减少碳排放量，另一方面也给中国对外贸易的发展带来了严峻的挑战与考验。如何在碳减排与贸易发展中取得平衡，适应低碳经济给中国创造的新外贸环境，是中国发展对外贸易必须思考的问题。本章将从对外贸易结构、"碳关税"及非关税壁垒三方面具体考量低碳经济与中国对外贸易环境的关系，以便更好地解决此问题，更快更好地发展中国对外贸易。

第一节　低碳经济对改善中国对外
贸易环境的意义

自英国 2003 年提出"低碳经济"概念后，中国也开始展开对低碳经济问题的思考与探索。从最初的概念的诠释与理解，对发达国家提出低碳经济目的质疑，以及中国是否要发展低碳经济的犹豫与徘徊，到目前中国各界基本都已达成共识——中国也必须走低碳经济发展之路。

一　低碳经济是中国经济发展方式转变的必由之路
胡锦涛主席在十七大报告里指出，要实现未来经济发展目标，关键在于加快转变经济发展方式。2010 年中央经济工作会议强调，这场国际金融危机使中国转变经济发展方式问题更加凸显出来。综合国际国内经济形势看，转变经济发展方式已刻不容缓。而低碳经济发展模式正是中国转变发展方式的最佳选择与重要内容。

一方面，中国自改革开放至今，高达年均 9.8% 的 GDP 增长，是建立在高耗能基础上的粗放式经济发展方式。从图 5-1 可见，中国 GDP 从 1978 年的 3645.2 亿元到 2010 年的 397983.15 亿元，增长了 27 倍之多。而伴随其中的正是中国二氧化碳排放量的不断增多。1980 年中国二氧化碳排放量为 14.602 亿公吨，2006 年已达到 60.1769 亿公吨，超过美国位居全球第一位。2008 年中国 CO_2 排放量已占全球排放的 22%，几乎是 1990 年的三倍。尤其是过去六年的增长非常迅速（2003 年为 16%，2004 年为 19%，2005 年和 2006 年均为 11%，2007 年和 2008 年均为 8%）。[①] 碳排放量的增多不仅污染了环境，让中国处于国际舆论的问责，更使得中国能源资源耗竭，使得中国经济发展不可持续。因此，从中国国情出发，必须向集约式低能耗的经济发展方式转变。而低碳经济发展模式正是提倡在发展经济的同时，确保降低能耗、减少对不可再生资源及能源的使用与依赖、开发新能源。

另一方面，低碳经济的发展可培育新的经济增长点，可以创造新的投资点和消费点，亦可促进产业升级、消费结构升级。低碳经济的提出及其在西方各发达国家的实践表明，发展低碳经济业已成为各国应对金融危机的新的经济增长点，新能源新技术的投入开发使用、CDM 交易市场的形成、与碳排放额相关的交易市场及碳汇林、"碳关税"等，都为各国创造了新的投资点与消费点，身处经济全球化在世界经济中日渐发挥更大作用的中国亦不例外。如在 2010 年第一次常务会议上，中石油新能源业务发展规划和生物能源业务发展规划被审议并获得原则通过，中海油总公司已投资 50 亿元兴建用于电动汽车的电池生产线，并计划建设全国性的电池更换站，而中石化宣布以

---

① 《世界能源展望 2009》（WEO 2009）。

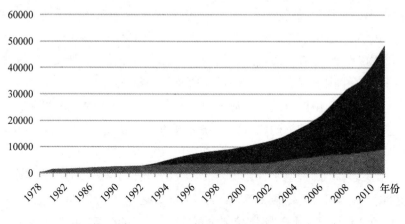

图 5 - 1   中国碳排放量与 GDP 趋势图

资料来源：碳排放量数据来自 UN data，CO_2 emission in China，http：//comtrade. un. org/db/；GDP 数据来源于中国统计局网站，http：//www. stats. gov. cn/。

北京作为突破口，进入充电站行业。中国三大石油巨头在新能源时代抢占先机，正是低碳经济发展的要求与作用。而诸如电动汽车、低碳发电、清洁煤等低碳产业与技术的兴起与发展，更能促进中国的产业结构升级。总之，通过走低碳经济道路，将为中国未来发展带来更多机遇和前景，并可扩大国际影响，提高国际地位。

二   低碳经济是中国转变外贸发展方式的必然要求

中国对外贸易自改革开放后一直发展迅速，特别是进入 21 世纪以来，更是飞速发展。自 2000 年到 2014 年，中国对外贸易额除了 2009 年深受 2008 年国际金融危机的影响有所下降外，一直呈增长趋势（见图 5 - 2）。2014 年中国进出口总值达 43015 亿美元，排名全球第一。其中，出口额 2000 年为 2492.0 亿美元，比 1978 年的 97.5 亿美元增长了 25.6 倍，而 2014 年出口值更是达到 23423 亿美元，比 2000 年又翻了 9.3 倍。进口增长也很惊人，1978 年中国进口额仅 108.9 亿美元，2014 年却高达 19592 亿美元，增长了 180 倍之多。但这些骄人的成绩背后却是中国外贸发展方式的不可持续性，主要体现在：

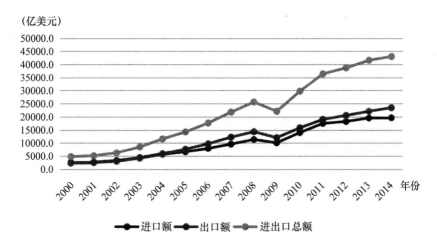

（亿美元）

图 5 - 2　中国 2000—2014 年对外贸易额

资料来源：中国国家统计局。

一是服务贸易占比较小。改革开放后，中国对外贸易发展迅猛，特别是世界制造业大规模向中国转移，导致中国货物贸易迅速增长，但服务贸易发展相对缓慢，远远落后于世界平均水平（见表 5 - 1）。1994—2007 年间，中国服务贸易占对外贸易比重平均仅 11.1%，远低于世界 19.4% 的平均比重。而从服务贸易占 GDP 的比重看，1994—2007 年世界平均水平为 10.1%，中国仅为 6.4%。受金融危机的影响，2009 年中国服务贸易进出口额自 2001 年来首次出现缩减，比上年下降 6%，其中出口下降 12.2%。出口与进口分别排名全球第五和第四。另外，从表 5 - 2 可看出，中国服务贸易历年增长率都低于货物贸易增长率，1994—2007 年，服务贸易平均增长率为 16.6%，比商品贸易增长率几乎低了 3 个百分点。而由于服务贸易的低能耗低排放，在当今全球贸易中地位越来越重要，因此中国贸易必须加大加快服务贸易的发展，以实现对外贸易的可持续发展。

表 5 - 1 　　　　　　　　　　　中国服务贸易占比

1994—2007 年中国服务贸易在对外贸易总额和 GDP 中的占比（%）

年份	中国		世界	
	占对外贸易	占 GDP	占对外贸易	占 GDP
1994	12.2	5.6	20.1	8.1
1995	13.6	5.9	19.3	8.4
1996	13.0	4.8	19.6	8.8
1997	13.9	5.3	19.6	9.1
1998	13.5	4.8	20.0	9.3
1999	13.8	5.3	20.0	9.3
2000	12.3	5.6	18.9	9.6
2001	12.5	5.5	19.7	9.8
2002	12.2	5.9	20.0	10.0
2003	10.7	6.2	19.7	10.2
2004	10.4	6.9	19.5	10.9
2005	10.0	6.9	19.0	11.1
2006	9.9	7.2	18.5	11.4
2007	10.4	7.7	18.8	11.7
平均	11.1	6.4	19.4	10.1

资料来源：转引自冯跃《金砖四国服务贸易现状及竞争力评析》，《经济问题探索》2009 年第 10 期。

表 5 - 2 　　　　　　　　中国服务贸易与商品贸易比较

1994—2007 年中国服务贸易及商品贸易增长率（%）

年均增长率 年份		出口		进口		进出口	
		服务贸易	商品贸易	服务贸易	商品贸易	服务贸易	商品贸易
1994—2007	中国	16.6	19.4	17.3	12.1	16.9	18.6
	世界	9.0	9.3	8.3	9.4	8.6	9.4
2000—2007	中国	21.9	25.4	20.1	22.9	20.8	24.3
	世界	11.8	11.5	10.6	11.3	11.2	11.4

续表

1994—2007 年中国服务贸易及商品贸易增长率（%）						
年均增长率 年份		出口		进口		进出口	
		服务贸易	商品贸易	服务贸易	商品贸易	服务贸易	商品贸易
2003—2007	中国	27.0	28.1	23.8	23.4	25.3	28.6
	世界	15.2	16.4	13.5	16.0	14.3	16.2

资料来源：冯跃：《金砖四国服务贸易现状及竞争力评析》，《经济问题探索》2009 年第 10 期。

二是加工贸易占主导地位。由于科学技术的劣势，中国一直处于国际产业分工链条的低端，造成中国出口贸易额的 35% 以上均来自加工贸易（见表 5 - 3）。2015 年加工贸易机电产品出口占加工贸易出口的 57.6%，高新技术产品 82.2% 以加工贸易形式出口。其中，位于高新技术产品出口前列的大宗商品如笔记本电脑、等离子彩电及 DVD 等商品大多也是以加工贸易形式出口。而依赖这种贸易方式实现外贸增长也是不可持续的，加工贸易创造的产品附加值低，同时耗费了大量的资源能源。

因此，要实现中国对外贸易的可持续发展，必须转变当前的外贸发展方式，必须向低碳经济这一新的发展方式转变。正如温家宝总理在 2011 年 3 月 5 日开幕的第十一届全国人大代表大会第四次会议中所作的政府工作报告里所言，要切实转变外贸发展方式，大力发展服务贸易和服务外包，不断提高服务贸易的比重，无论是一般贸易还是加工贸易出口，都要减少能源资源消耗，都要向产业链高端延伸，都要提高质量、档次和附加值。低碳经济正是实现新的外贸发展方式的最佳选择与途径。

表 5 - 3　　　　　2015 年中国进出口主要分类情况

指标	绝对数（亿美元）	比上年增长（%）
进出口总额	245741	-7.0
出口额	141255	-1.8

续表

指标	绝对数（亿美元）	比上年增长（%）
其中：一般贸易	75456	2.1
加工贸易	49553	−8.8
其中：机电产品	81421	1.1
进口额	104485	−13.2
其中：一般贸易	57323	−15.9
加工贸易	27772	−13.7
其中：机电产品	50111	−4.5

资料来源：中华人民共和国国家统计局 2015 年度国民经济和社会发展统计公报。

三　低碳经济是优化中国对外贸易环境的内在需要

近十年来，随着全球经济发展，环境问题日趋恶化，尤以气候变化问题突出。特别是最近全球极端天气频繁出现。如 2010 年年初欧洲的极寒及暴风雪、春季中国的西南干旱、5 月初以来包括中国在内的北半球一些地区相继遭受的高温热浪袭击、7 月印度季风带来的暴雨导致印度河出现 110 年以来的最高水位、巴基斯坦发生最严重的洪涝灾害、2011 年 3 月日本的九级地震、海啸等。这些极端天气气候事件给多国人民造成了大量的生命和财产损失，人类持续发展和生存条件受到日益严峻的挑战。为保护环境，世界各国都掀起了节能减排共同应对气候变化的风潮。但值得关注的是，很多发达国家为了维护自身的利益，利用环境保护开始构筑贸易壁垒，限制外国产品进入本国市场。特别是在 2008 年金融危机爆发与蔓延后，世界经济处于低迷调整期，各发达国家从自身经济利益出发，纷纷出台保护本国产业竞争力的各种贸易政策与措施，各种形式的贸易保护主义不断抬头。中国作为出口导向型国家和最大的发展中国家，当前面临极大的压力与考验。一方面既要保持经济增长，同时面临着热钱流入、资产泡沫化和通胀压力上升的风险，另一方面是发达国家失业率高、极易引发贸易保护主义抬头，另外，发达国家推行扩大出口战略，必将对中国造成压力。

在此背景下，中国要优化外贸环境，实现对外贸易的可持续发展，必须发展低碳经济。低碳经济的实施，可以降低中国外贸产品的能耗，减少资源能源的消耗。既可以抵住国际环保主义者的问责，也可以促使产品技术升级达到发达国家的排放标准，从而跨越发达国家设置的环境壁垒，优化中国的外贸环境。

第二节　中国对外贸易结构分析

自20世纪90年代以来，尤其是进入21世纪以来，中国对外贸易增速明显提高。尽管在2009年世界金融危机受到了严重冲击，对外贸易额比2008年同比下降了13.9%，但还是以22073亿美元超越了德国，成为世界第二大贸易国。与此同时，中国对外贸易结构也在不断变化。而在关注如何实现中国经济发展方式的转变，如何应对国际新形势保证对外贸易的可持续发展的背景下，研究低碳经济与对外贸易结构之间的关系，对于更好地优化对外贸易结构实现低碳经济的发展是十分必要和重要的。中国对外贸易结构主要包括中国进出口商品结构、贸易方式结构、贸易国别结构等，因篇幅有限，这里仅具体分析中国进出口商品结构。

一　低碳经济与对外贸易结构的一般分析

（一）出口结构

中国出口贸易中，工业制成品一直占主要地位，自2001年至今基本都占了整个出口额的90%以上，且呈增长趋势，除了2008年略有小幅度下降外，2010年已占比94.82%（见表5-4）。从2010年中国出口重点商品表（表5-5）可以发现，2010年机电产品高达9334.3亿美元，传统的出口产品服装、纺织品、鞋类也占较大比重。中国出口的机电产品中主要以技术含量较低的通信和办公设备为主。可见，在中国对外出口产品中主要以工业制成品为主，且其出口产品主要是高耗能、高排放产品。

表 5 – 4   2001—2010 年中国出口商品结构

年份	总值（亿美元）	初级产品		工业制成品	
		出口额（亿美元）	占比（％）	出口额（亿美元）	占比（％）
2001	2660.98	263.38	9.90	2397.6	90.10
2002	3255.96	285.4	8.77	2870.56	91.23
2003	4382.28	348.1	7.94	4035.6	92.09
2004	5933.26	405.5	6.83	5528.18	93.17
2005	7619.53	490.39	6.44	7128.6	93.57
2006	9689.78	528.25	5.46	9161.47	94.55
2007	12204.56	615.47	5.04	11564.68	94.76
2008	14306.93	778.48	5.44	13506.98	94.41
2009	12016.12	630.99	5.25	11385.64	94.75
2010	15777.60	816.90	5.18	14960.70	94.82

资料来源：根据中国商务部统计数据计算编制。

表 5 – 5   2010 年中国出口重点商品

商品名称	金额（亿美元）	同比（％）	占比（％）
＊机电产品	9334.3	30.9	59.16
＊高新技术产品	4924.1	30.7	31.21
自动数据处理设备及其部件	1639.5	34	10.39
服装及衣着附件	1284.8	20.9	8.21
纺织纱线、织物及制品	770.5	28.4	4.88
电话机	489.3	17.8	3.10
＊农产品	488.7	24.7	3.10
船舶	392	44.5	2.48
钢材	368.2	65.3	2.33
鞋类	356.3	27.1	2.26
家具及其零件	328.9	30.3	2.09
自动数据处理设备的零件	306.9	19.2	1.94
二极管及类似半导体器件	302.5	111.2	1.92
集成电路	282.5	25.5	1.85

续表

商品名称	金额（亿美元）	同比（%）	占比（%）
液晶显示板	264.6	37.7	1.68
塑料制品	186.6	28.5	1.18
汽车零件	186.5	44.1	1.18
箱包及类似容器	180.2	40.8	1.14
成品油	170.4	35.9	1.08
打印机（包括多功能一体机）	151.4	45	0.96
电视机（包括整套散件）	148.5	38	0.94
通断保护电路装置及零件	147.7	41.5	0.94
静止式变流器	128.9	39.9	0.82
电线和电缆	128.9	39.2	0.82

注：＊"机电产品"和"高新技术产品"包括本表中已列商品。

资料来源：根据中国海关统计数据编制。

（二）进口商品结构

进入 21 世纪以来，中国进口也大幅度增长，且基本也以工业制成品为主，大多数年份超过 70%。由于中国科学技术水平的相对落后，因此在 2010 年进口产品中，高新技术产品占了 28.6%，机电产品占了 47.4%。且从表 5-7 中可以看出，中国进口商品中多以低耗能、低排放产品为主，机电产品和高新技术产品基本占据了进口的 70% 以上，且因进口各国的碳强度排放标准不一，因此在下文分析计算具体进出口商品结构与碳排量时基本忽略不予讨论。

表 5-6　　　　　　　　2001—2010 年中国进口商品结构

年份	总值（亿美元）	初级产品		工业制成品	
		进口额（亿美元）	占比（%）	进口额（亿美元）	占比（%）
2001	2435.53	457.43	18.78	1978.1	81.22
2002	2851.7	492.71	16.69	2459	83.31
2003	4127.6	727.83	17.63	3400.53	82.39
2004	5612.28	1173	20.90	4441.23	79.13

续表

年份	总值（亿美元）	初级产品		工业制成品	
		进口额（亿美元）	占比（%）	进口额（亿美元）	占比（%）
2005	6599.53	1477.1	22.38	5124.09	77.64
2006	7914.61	1871.41	23.65	6044.72	76.37
2007	9561.16	2428.78	25.41	7128.41	74.56
2008	11325.67	3627.76	32.03	7703.11	68.01
2009	10059.23	2892.02	28.75	7163.53	71.21
2010	13948.30	4348.50	31.18	9599.80	68.82

资料来源：根据中国商务部统计数据计算编制。

表5-7　　　　　　2010年中国进口重点商品

商品名称	金额（亿美元）	同比（%）	占比（%）
*机电产品	6603.10	34.4	47.34
*高新技术产品	4126.70	33.2	28.59
集成电路	1569.90	30.9	11.26
原油	1351.50	51.4	9.69
铁矿砂及其精矿	794.3	58.4	5.69
农产品	719	37.8	5.15
液晶显示板	467.8	33.7	3.35
初级形状的塑料	435.6	25.2	3.12
未锻造的铜及铜材	327.4	44.4	2.35
汽车（包括整套散件）	305.8	99.1	2.19
自动数据处理设备及其部件	282.8	23.2	2.10
粮食	280.9	35.6	2.01
成品油#	223.4	31.3	1.60
计量检测分析自控仪器及器具	213.7	41	1.53
通断保护电路装置及零件	205	28.7	1.47
钢材#	201.1	3.3	1.44
废金属	196.1	40.2	1.41
自动数据处理设备的零件	186.6	42.2	1.34

续表

商品名称	金额（亿美元）	同比（%）	占比（%）
汽车零件	186.4	45.3	1.34
纺织纱线、织物及制品	177.2	18.4	1.27
煤#	169.3	60.1	1.21
二极管及类似半导体器件	160.8	42.4	1.15

注：＊ "机电产品" 和 "高新技术产品" 包括本表中已列商品。

资料来源：根据中国海关统计数据编制。

二　中国出口商品的隐含碳

为了更好地考察低碳经济对中国贸易结构，特别是进出口商品结构的影响，我们具体计算中国出口各类商品的碳排放总量。关于对外贸易隐含碳的计算，基本采用生命周期法，如 Lenzen 等（2005，2007）[1] 和投入产出法，如 Shui & Harriss（2006）等。目前多以投入产出法对中国出口贸易的隐含碳进行计算且多限于国别贸易研究，如计算中国与美国（Shui & Harriss，2006[2]；Xu 等，2009[3]；石红莲，2010）、中国与欧盟（Li 等，2008[4]；张晓平，2009[5]）、中国与日本（Liu Xianbing 等，2010）[6] 之间的贸易商品所含碳排放量。即使对整个中国所有出口商品的隐含碳有研究〔齐晔

[1] Blanca Gallego, Manfred Lenzen, A consistent input-output formulation of shared consumer and pro-ducer responsibility Economic Systems Research, 2005, 17 (4), pp. 365 – 391. Manfred Lenzen, Joy Murray, Fabian Sack, et al., Shared producer and consumer responsibilitytheory and practice Ecological Economics, 2007, 61 (1), pp. 27 – 42.

[2] Bin Shui, Robert C. Harriss, The role of CO_2 embodiment in US-China trade, *Energy Policy*, 2006, 34 (18), pp. 4063 – 4068.

[3] Xu Ming, Allenby Braden, Chen Wei Q, Energy and air emissions embodied in China-U. S. trade: east-bound assessment using adjusted bilateral trade data, Environment Science & Technology, 2009, p. 43.

[4] Li You, Hewitt C. N., The effect of trade between China and the UK on national and global carbon dioxide emissions, *Energy Policy*, 2008, 36 (6), pp. 1907 – 1914.

[5] 张晓平：《中国对外贸易产生的 CO_2 排放区位转移效应分析》，《地理学报》2009 年第 64 期。

[6] Liu Xianbing, Analases of CO_2 emissions embodied in Janpan-China trade, *Energy Policy*, 2010, 38 (3), pp. 1510 – 1518.

等（2008）[①]，魏本勇等（2009）[②]]，但没有计算各种能源二氧化碳排放系数，也没有从对外贸易结构的角度来予以考虑。因此，下面我们运用投入产出法，按行业分类计算中国所有出口商品的完全出口碳排放量。通过我们观察中国 1997 年、2002 年及 2007 年投入产出表及能源消耗表，发现投入产出表 42 类（1997 年为 40 类）与能源消耗表 43 类（因为生活消费类不是一次能源，故删除掉）之间具有非常好的对应关系，于是将所有商品按其对应关系进行归类，将 2002 年、2007 年投入产出表中的第 29 类信息传输、计算机服务和软件业的第 32—42 类，1997 年的第 33—40 类，因这几类能源消耗量小将其合并为其他行业，最终将所有出口商品按行业分为 28 类。

采用基本的隐含碳排放计算公式：

$$EM = \sum_i EC_i * Y_i \tag{1}$$

其中 EM 代表碳排放量，EC 代表隐含碳排放系数，Y 代表产品总量，i 代表行业或者产品。由于中国没有环境投入产出表（EIO），因此不能直接从投入产出表里计算出口商品的 CO_2 排放系数。而我们的计算思路是利用能源消耗量除以总生产产出计算出单位产品的能源消耗系数，然后乘以能源二氧化碳排放系数得到单位产品的二氧化碳排放系数，最后乘以出口产品总量就得到出口中的二氧化碳排放量总额。这里利用完全能源消耗系数是因为我们不但要计算直接出口产品中的碳含量，还要计算为生产直接出口品而消耗的中间产品生产而排放的二氧化碳。具体计算公式如下：

$$EM = [(I-A)^{-1}Y]^T * X * Z \tag{2}$$

其中，I 为单位矩阵，A 为直接消耗系数矩阵，Y 为中国出口到各国商品数额矩阵，X 为不同行业商品消耗不同能源系数矩阵，Z 则为不同能源 CO_2 排放系数矩阵。将（2）式变形为：

---

① 齐晔、李惠民、徐明：《中国进出口贸易中的隐含碳估算》，《中国人口·资源与环境》2008 年第 8 期。

② 魏本勇、方修琦、王媛、杨会民、张迪：《基于投入产出分析的中国国际贸易碳排放研究》，《北京师范大学学报》（自然科学版）2009 年第 4 期。

$$EM = Y^T * \left[(I-A)^{-1} \right]^T * X * Z \tag{3}$$

其中，Y 为出口商品矩阵，$\left[(I-A)^{-1} \right]^T * X * Z$ 相当于隐含碳排放系数，这与投入产出法的基本隐含碳排放计算公式（1）是一致的。

这里首先假定投入产出表中直接消耗系数、不同商品消耗不同能源系数和不同能源 CO_2 排放系数短期内保持不变，我们利用 2007 年的能源消耗表、投入产出表及陈诗一等（2009）的不同能源消耗系数计算中国 1997 年、2002 年及 2007 年出口产品隐含碳排放系数矩阵 Z。根据 IPCC（2006）第二卷（能源）第六章提供的参考方法，各种能源的 CO_2 排放系数计算公式如下：

$$Z = NCV_i * CEF_i * COF_i * (44/12) \quad (i = 1, 2, 3) \tag{4}$$

其中，NCV 代表 2007 年《中国能源统计年鉴》附录 4 提供的中国三种一次能源的平均低位发热量（IPCC 也称为净发热值），CEF 根据 IPCC（2006）提供的碳排放系数及陈诗一（2009）提供的烟煤和无烟煤排放系数进行加权平均计算的煤炭的碳排放系数，COF 是碳氧化因子（本书设定为 1），44 和 22 分别为二氧化碳和碳的分子量。由于能源消耗单位的不统一，必须换算成中国能源度量的统一热力单位标准煤，各种能源折合标准煤系数也由 2007 年《中国能源统计年鉴》提供。CO_2 估算所用的参考系数以及中国煤炭、原油和天然气的 CO_2 排放系数估算量见表 5 - 8。

表 5 - 8　　　　　　　　　二氧化碳排放估算参数

能源		中国能源平均低位发热量		IPCC（2006）碳排放系数		碳氧化因子
		数值	单位	数值	单位	
原煤	烟煤	20908	千焦/千克	25.8	千克/100000 千焦	1
	无烟煤			26.8		
	加权平均			26.0		
原油		41816		20.0		
天然气		38931	千焦/千立方米	15.3		

注：碳氧化因子本表统一为 1。

资料来源：陈诗一：《能源消耗、二氧化碳排放与中国工业的可持续发展》，《经济研究》2009 年第 4 期。

根据（4）式，计算出：

$$Z_{3*1} = \begin{bmatrix} 20908 \times 26 \times 10 \times 1 \times 44/12 \\ 41816 \times 20 \times 10 \times 1 \times 44/12 \\ 38931 \times 15.3 \times 100 \times 1 \times 44/12 \end{bmatrix}$$

单位分别为千克/万吨或千克/亿立方米（其中各项乘以 10 或 100 是为了调整单位）。

A_{43*3} 是直接消耗系数矩阵，直接来源于中国 1997 年、2002 年、2007 年投入产出表。Y_{43*3} 为中国 1997 年、2002 年、2007 年出口商品向量，直接来源于各年投入产出表出口量。X_{43*3} 则为不同种类商品不同能源消耗系数矩阵，我们将 1999 年、2004 年及 2008 年中国统计年鉴里将中国 1997 年、2002 年、2007 年生产消费过程中的能源按照 28 类进行分类，9 种能源中将电力能源去除（因为 CO_2 排放主要来源于化石燃料），将剩下的能源消耗分别按固体、液体和气体划分为三类能源，从而得到 28 * 3 的能源消耗矩阵。然后将能源消耗量除以相应类比产品的总产值计算出单位能源消耗系数矩阵。单位为万吨/万元或亿立方米/万元。最后利用软件 Matlab 7.1 按照公式（3）进行计算，得出结果如表 5 - 9：

表 5 - 9　　　　　　　出口产品隐含碳排放量　　　　　单位：亿吨

	行业分类	1997 年	2002 年	2007 年
1	农林牧渔业	0.0350	0.0459	0.0943
2	煤炭开采和洗选业	0.7305	0.4814	1.9839
3	石油和天然气开采业	0.5045	0.4256	0.3501
4	金属矿采选业	0.0600	0.0554	0.0870
5	非金属矿及其他矿采选业	0.0824	0.1605	0.2367
6	食品制造及烟草加工业	0.0992	0.0988	0.1034
7	纺织业	0.1778	0.1989	0.4104
8	纺织服装鞋帽皮革羽绒及其制品业	0.0400	0.0513	0.0844
9	木材加工及家具制造业	0.0587	0.0394	0.0824
10	造纸印刷及文教体育用品制造业	0.2100	0.1814	0.5406

续表

	行业分类	1997 年	2002 年	2007 年
11	石油加工、炼焦及核燃料加工业	1.6130	1.7312	3.8918
12	化学工业	0.7850	0.7389	1.3444
13	非金属矿物制品业	0.4363	0.7861	1.3725
14	金属冶炼及压延加工业	0.9092	0.6206	2.2312
15	金属制品业	0.0447	0.0495	0.0769
16	通用、专用设备制造业	0.0777	0.0618	0.1557
17	交通运输设备制造业	0.0621	0.0539	0.1064
18	电气机械及器材制造业	0.0375	0.0362	0.0480
19	通信设备、计算机及其他电子设备制造业	0.0321	0.0422	0.0883
20	仪器仪表及文化办公用机械制造业	1.1135	0.0360	0.0487
21	工艺品及其他制造业	0.1382	0.0918	0.1616
22	电力、热力的生产和供应业	2.1458	2.1000	4.8957
23	燃气生产和供应业	1.2881	1.0280	1.4178
24	水的生产和供应业	0.0109	0.0181	0.0302
25	建筑业	0.0109	0.0183	0.0457
26	交通运输及仓储业邮政业	0.5491	0.6480	1.6876
27	批发、零售业和住宿、餐饮业	0.0707	0.0804	0.1569
28	其他行业	0.2608	0.2890	0.5345
	总出口排放量	11.5936	10.1786	22.2671

从表中可以看出，我们计算出的中国出口商品隐含碳排放总量1997 年为 11.59 亿吨，2002 年降为 10.18 亿吨，而 2007 年猛升为22.27 亿吨。这个结果与齐晔（2008）的结论基本一致，他得出中国出口隐含碳自 2002 年后猛增。说明本书运用的计算方法与技术处理得出的结果虽然不很精确，但也具有一定的说服力。从能源消耗系数看，化学原料及化学制品制造业、非金属矿物制品业、黑色金属冶炼业及压延加工业、有色金属冶炼业及压延加工业、石油加工炼焦业及核燃料加工业、电力热力的生产和供应业为六大高耗能行业。计算结果也表明，三年中，电力、热力的生产和供应业出口产品隐含碳排放居首位，且逐年增加，2007 年达 4.89 亿吨，其次为石油加工、炼焦

及核燃料加工业，金属冶炼及压延加工业。另外，交通运输及仓储业邮政业，通用、专用设备制造业在 2007 年的隐含碳排放几乎是 1997 年的两倍，批发、零售业和住宿、餐饮业，其他行业，纺织业等也逐年增长。这一方面是因为中国在 1997—2007 年虽然经历了 1998 年的亚洲金融风暴和 2001 年 IT 业泡沫但出口仍然猛增，导致出口产品排放量增加。另一方面，可以看出中国出口产品结构中，工业制成品占比越来越大，且多为低附加值高耗能产品，从而使中国出口产品隐含碳排放增加。可见，目前在不能减少出口总额保持出口外贸增长的条件下，必须调整中国外贸商品结构，减少中国出口产品隐含碳排放量，才能从容面对日益复杂的外贸环境，不授以其他国家口实，使中国陷入经济发展与节能减排两难的境地。

三　低碳经济与对外贸易结构的实证分析

要调整中国外贸商品结构，必须调整其产业结构。因为中国对外贸易结构，特别是商品贸易结构基本取决于其产业结构。产业结构与对外贸易结构的关系是相对应的。而由于对外贸易商品结构的复杂性与不可量化性，因此本书以下从产业结构的角度来实证研究中国低碳经济与对外贸易商品结构的关系。

（一）分析模型及变量选择

低碳经济的实质是在保持经济增长的同时减少二氧化碳的排放量以减少对环境的污染。因它涉及能源消耗，一般学者专家在做实证研究时都以能源为视角，来考察产业结构变动对能源消费的影响度。研究的结果表明，产业结构的变化会直接影响能源的消费需求、改变能源的消费结构。如史丹（1990）采用统计指数分析和回归分析两种方法，对中国产业结构变动对能源消费总量和能源消费结构的影响进行了定量分析，指出产业结构变动是影响能源消费的重要因素，将使中国的能源消费结构由以煤炭为主向以电力石油消费为主转化。[①] 但

[①]　史丹：《产业结构变动对能源消费需求的影响》，《数量经济技术经济研究》1999 年第 12 期。

在低碳经济模式下，能源消费量的减少并不等同于二氧化碳排放量的减少，或者说能源消费并不一定能直接反映出低碳经济的发展水平。基于此，笔者直接用 CO_2 排放量与 GDP 的比值来衡量低碳经济的发展水平。从图 5 - 3 中可看出，中国 CO_2 排放量与 GDP 的比值基本呈现出下降趋势，其原因可能在于技术进步对产出的贡献。但本书为了单独考察产业结构调整对二氧化碳排放量的影响度，且技术进步也会通过产业结构调整间接影响到二氧化碳排放量的减少，因此这里忽略技术进步因素。

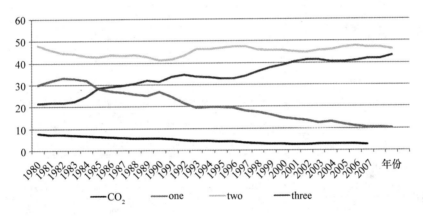

图 5 - 3　中国 CO_2 排放量与 GDP 的比值，各产业占比变动图

资料来源：根据世界银行数据库（WDI）及中经网数据编制。

另外，采用各产业产值占国内生产总值的比重反映产业结构。第一产业产值比重（%）（one）、第二产业产值比重（%）（two）、第三产业产值比重（%）（three）。为了考察第一、二、三产业低碳经济与中国产业结构的关系，构建多元线性回归模型：

$$CO_2 = \beta_0 + \beta_1 ONE + \beta_2 TWO + \beta_3 THREE + \mu \qquad (1)$$

（二）实证分析及结果

我们利用中国 1981—2007 年的数据样本，运用 Eviews 6.0 软件对其进行 OLS 回归分析。由于在 CO_2 的平稳性检验中说明其在没有常数项和趋势项的时候是平稳的，所以不用常数项。即回归方程为：

$$CO_2 = \beta_1 ONE + \beta_2 TWO + \beta_3 THREE + \mu \qquad (2)$$

另外，在做 ADF 检验时，发现 β_1 满足 I（0），而 β_2、β_3 满足 I（1），因此对其做滞后一阶处理，得到 OLS 回归结果如下：

表 5 - 10   OLS 回归结果

Dependent 多元线性回归 iable：CO_2				
Method：Least Squares				
Date：03/27/11 Time：19：42				
Sample（adjusted）：1981 2007				
Included observations：27 after adjustments				
多元线性回归 iable	Coefficient	Std. Error	t-Statistic	Prob.
ONE	0. 218515	0. 016834	12. 98061	0. 0000
TWO	0. 112704	0. 069952	1. 611174	0. 0014
TWO（-1）	-0. 096580	0. 064238	-1. 503477	0. 1469
THREE	-0. 047607	0. 058900	-0. 808280	0. 0076
THREE（-1）	0. 025361	0. 063960	0. 396518	0. 6955
R-squared	0. 969576	Mean dependent 多元线性回归		4. 588406
Adjusted R-squared	0. 964044	S. D. dependent 多元线性回归		1. 670045
S. E. of regression	0. 316674	Akaike info criterion		0. 703687
Sum squared resid	2. 206211	Schwarz criterion		0. 943657
Log likelihood	-4. 499776	Hannan-Quinn criter.		0. 775043
Durbin-Watson stat	0. 547777			

从回归结果看，方程 R 值为 0.969576，调整后的 R 值为 0.964044，说明方程拟合度很好，P 值也说明通过显著性检验。从计量分析结果可看出，当第一产业增长 1% 时，CO_2 排放量就会增加 0.21%；当第二产业增长 1% 时，CO_2 排放量就会增加 0.11%；而当第三产业增长 1% 时，CO_2 排放量就会减少 0.047%。可见，在中国过去的近三十年里，对碳排放量影响最大的是第一产业，其次是第二产业。这主要是由于中国一直是传统农业大国，农业技术落后，造成碳排放量大。而第二产业的碳排放影响率稍小，说明中国工业

化进程很快，实现的是不同于第一产业的跨越式发展，而且中国 GDP 增长非常快速，在一定程度上造成单位 GDP 产出的碳排放量变小。而中国单位 GDP 产出的碳排放量大体呈现出平稳略有下降的趋势，在一定程度上可能得益于中国第三产业的发展。因为从计量结果来看，第三产业的相关系数是负值，意味着第三产业的增长会降低 CO_2 排放量。

由此可见，要大力发展中国服务贸易，进一步提高出口工业成品里低能耗低排放产品的比例，改进农产品生产技术，减少其碳排放量，只有如此调整外贸结构，才能更好赢得宽松的外贸环境，才能更好发展绿色贸易，保证对外贸易与经济的持续发展及环境保护的双赢。

第三节　中国对外贸易关税环境分析

一国所处外贸环境的优劣主要体现在国际政治经济秩序下的国际贸易规则与管理体制政策对本国的外贸发展是否有利。特别是本国的主要贸易伙伴主体国家与地区所推行的关税政策更能反映所处环境的好坏。因此，本节主要考察在低碳经济的提出和实施，即新的经济政治条件下中国所处的外贸关税环境变化。

一　中国对外贸易关税环境概述

中国主要的贸易伙伴是美国、欧盟与日本（见表 5 - 11）。以下分别是美、欧、日的对外贸易关税情况。

表 5 - 11　　2010 年中国与美国、欧盟 27 国、日本贸易统计表

国家（地区）	进出口额（万美元）	出口额（万美元）	进口额（万美元）	累计比去年同期增减（%）		
				进出口	出口	进口
全国	287276096	157793225	139482871	34.7	31.3	38.7
欧盟（27 国）	47971255	31123542	16847713	31.8	31.8	31.9

续表

国家（地区）	进出口额（万美元）	出口额（万美元）	进口额（万美元）	累计比去年同期增减（%）		
				进出口	出口	进口
美国	38534135	28330372	10203763	28.2	28.3	31.7
日本	28776828	12106136	17670693	30.2	23.7	35.0

资料来源：中国海关统计。

（一）美国

美国制定和征收关税的主要依据是《1930 年关税法》《1988 年综合贸易和竞争法》等。美国国会制定的《协调关税表》于 1989 年1 月 1 日生效，但每年都会对此关税表进行修改。2010 年 1 月 1 日起美国开始实施在《2009 年美国协调关税表》基础上修改过的《2010年美国协调关税表》，修改关税税率的目的主要有二：一是为了实施美国与某些国家涉及部分产品贸易争端的解决结果，如美国和中国乘用车和轻卡轮胎案等；二是为了履行美国与新加坡、秘鲁等国签订的自由贸易协定所约定的分阶段消减关税义务。

美国对除古巴以外的所有 WTO 成员国实施最惠国待遇，中国自2001 年加入 WTO 后也享有此待遇。另外，美国根据《1974 年贸易法》对包括42 个最不发达国家在内的 100 多个国家约 5000 多种产品提供普惠制优惠关税待遇，但其每年都会对普惠制进行审查。据2008 年年度审查结果，美国将继续从 16 个国家免税进口 112 种产品，如阿根廷的皮革、土耳其的铜丝等。同时，美国还在免税目录中增加了两种农产品项目——冷冻菠菜和冷冻马铃薯。自 2009 年 7 月1 日起所有享受普惠制国家的这两种农产品都可以免税进入美国市场。另外，美国也停止了 12 种产品的免税待遇，如泰国的腌制鲭鱼、印尼的二醇酯、乌克兰和阿根廷的部分产品以及印度的部分药剂和银质首饰等。

另外，美国还对以农产品为主的某些进口产品适用从量税，而对大多数产品则基于 FOB 价征收从价税。有些产品需按复合税率缴税，有些产品也受到关税配额的限制。2009 年美国海关和边境保护局计划修订《美国海关税则》，在征收返销产品关税时其国产原部件的价值要从完税价值中扣除，以此来促进国内制造业的发展。根据 WTO 统计，美国 2008 年简单平均最惠国适用关税税率为 3.5%，其中农产品为 5.3%，非农产品为 3.3%，已达到美国简单平均最终约束关税水平。

（二）欧盟

欧盟在关税方面的基本法律是 1987 年颁布的《关于关税和统计术语以及共同海关关税的第（EEC）2658/87 号理事会规则》。该规则建立了欧盟统一关税税率，包括了欧盟对外贸易适用的所有海关税率和规则。1992 年欧盟又颁布了《关于建立欧盟海关法典的第（EEC）2813/92 号理事会规则》（简称《欧盟海关法典》），并于 2008 年对其进行全面修订，大大简化了现有海关程序，逐步推行欧盟海关环境电子化。根据 WTO 统计，2008 年欧盟海关税则高达 9699 条八位税则号，其中，征收从价税的占 89.9%，从量税的占 6.5%，2.9% 征收混合关税，0.8% 为可变关税。季节性关税与非从价税主要适用于农产品。另外，4.8% 的税则号要受关税配额限制，约占欧盟 38% 的农产品。欧盟每年都会调整并发布新的海关税则。根据 WTO 统计，欧盟 2008 年简单平均最惠国适用关税税率为 6.7%，其中农产品为 17.9%、非农产品为 4.1%、农林牧副渔业产品为 9.3%、制造业产品为 6.7%、采掘业产品为 0.2%。

（三）日本

日本的关税税率分为两种，一种是基于《关税定率法》、《关税暂定措施法》等法律制定的国定税率，另一种是基于条约规定的协定税率。其中，国税税率有长期不变的基本税率和临时适用的暂定税率及对发展中国家适用的特惠税率。中国也享受此特惠税率，但近年来日本不断减少中国特惠税率产品的范围。如在 2009 年 4 月仍然将中国 HS 编码 160419ex 的其他成品鱼、加工软体动物、苏打灰、陶瓷制餐桌用品等产品排除在特惠关税适用范围之外。而且根据 2009 年的年度审查，大幅度取消了中国皮革制品、多种木制品、多种纺织品、多种鞋靴制品、铝及其制品、玻璃制品、山梨醇等各类产品的特惠关税。2010 年 4 月起取消 462 税号下的中国产品牛蒡、松茸、烟火、珍珠、钓竿、热水瓶等的零关税，而对中国产酱炖鲐鱼、烤鳗鱼片、扇贝罐头等加工食品关税由 7.2% 提高到 9.6%。① 而协定税率则适用于 WTO 全体成员国，包括中国，也适用于自由贸易协定税率。据统计，2008 年日本最惠国简单平均税率为 5.4%，其中农产品为 23.6%，非农产品为 2.6%。

另外，日本自 1961 年至今仍然实行关税配额，对关税配额内的产品免税或征收较低的关税，而对超过关税配额的部分征收较高的关税，从而达到限制进口保护国内产业的目的。目前实施关税配额的产品有奶酪、杂豆、魔芋、皮革、皮鞋等 28 类，每年日本政府都会发布政令制定其配额数。

以上可见，中国作为发展中国家的一员，作为 WTO 成员国之一，享受到美国、欧盟和日本给予的最惠国待遇、特惠制和普惠制下的关税优惠，为中国发展对外贸易赢得了良好、宽松的关税环境。但深受 2008 年金融危机的影响，世界经济依然深陷低迷复苏期，国际贸易保护主义急剧升温。自 2008 年 11 月以来，中国共遭受超过 100 项的贸易保护主义壁垒，占同期世界各国各地区采取的贸易保护主义措施的 1/3 强，名列世界第一。2009 年，中国出口产品共遭受 116 起贸易救济调查，涉案总金额约 127 亿美元。其中，反倾销案件 76 起、反补贴案件 13 起、保障措施案件 20 起、特保案件 7 起。美国在 2009 年已对中国输油管征收最高达 99.14% 的反倾销关税，在轮胎、无缝钢管、氯化钡、熨衣板等领域也已对中国采取反倾销措施，对中国产品发起 8 起 "337" 调查。2009 年 12 月 22 日，欧盟最终决定将针对中国产皮鞋的反倾销税再延征 15 个月。此前的数月间，欧盟已对中国的钢盘条、无缝钢管、葡萄糖酸钠、钢索、铝合金轮毂等相继发起反倾销调查。2011 年 2 月 11 日，欧盟外交官和工业界人士透露，欧盟委员会将在 2 月 18 日拟要决议对绝大多数来自中国的瓷砖

---

① 中国商务部网站，http://gpj.mofcom.gov.cn/aarticle/z/aa/201103/20110307437912.html，2011 - 03 - 09。

征收高达73%的惩罚性临时关税。2011年3月15日欧盟决定对中国出口的玻璃纤维征收7.3%—13.8%的反倾销税。此外，阿根廷、印度、巴西、墨西哥等发展中国家也先后对中国产品发起了反倾销和反补贴调查，涉及氯甲烷、离心泵、螺杆压缩机、皮下注射器等多种商品。总之，目前中国面临的国际贸易关税环境不容乐观。特别在低碳经济提出和实施后，新的一种所谓边境调节税——"碳关税"的提出，更让中国外贸环境变得更加严峻与复杂。

二　中国被征收"碳关税"的可能性及其影响分析

从前面分析可看出，尽管大多数国家反对"碳关税"的实施，但由于作为低碳经济实现的一种途径，美国、法国以保护环境的名义征收"碳关税"已成必然，只是时间问题。根据美国参议院2009年6月通过的《清洁能源安全法案》及2010年5月提交的参议院版气候法案草案，规定"如果与美国高能耗行业存在竞争的国家到2025年仍没有达到美国的能效或减排要求，则美国将从那时候开始对相关产品的进口征收边境调节税"。[①] 法国总统萨科齐也于2009年12月单方面宣布，将从2010年开始对那些在环保立法方面不及欧盟严格的国家进口产品征收35美元/吨的"碳关税"，以后逐年增加。从这些可以看出，中国出口产品是否会被征收"碳关税"，基本取决于：一、中国是否积极采取相应措施减少二氧化碳的排放达到征税国家要求；二、中国是否有大量的能源密集型产品出口到征收碳税或能源消费税的国家；三、中国是否对这些出口产品提供了政府补贴从而使其具有相对的能源成本优势。

2009年哥本哈根协议达成一个重要的共识，即必须把地表温度升高的幅度控制在2摄氏度以内，要将二氧化碳浓度控制在450ppm之下。要想实现这一愿景，到2020年世界的二氧化碳排放总量至少下降10%。根据国际能源署所作的各类分配机制所可能产生的分配

---

① The American Power Act: "First Read" of the Kerry-Lieber-man Climate and Energy Legislation, http://www. usclimatenetwork. org/policy/american-power-act, 2010 – 05 – 12.

结果（见表 5 – 12），中国在 2020 年所需要减排的额度最高达到
67%，最低也有 34%，而按照人均排放量均等化的原则，中国在
2020 年仍然应再减少41%的排放额度。尽管中国在"十一五"以来
已经采取了相当积极的减排政策，即"单位 GDP 能耗下降 20%、单
位 GDP 污染物排放下降 10%"，但从排放情景来看是远远达不到稳
定全球温度的最低要求的。因此，如果中国不改变现有战略和减排承
诺，不向低碳经济转型，那么发达国家对中国征收"碳关税"的可
能性随时存在。

表 5 – 12　　　　　　世界主要经济体碳减排额度分配比较

国家/地区	2020 年基础情景总量均等减排（%）	人均排放量均等（%）	按照当前排放量水平分配（%）	按照当前 GDP 水平分配（%）
美国	– 10	– 75	15	19
欧盟	– 10	– 47	17	77
日本	– 10	– 55	23	85
其他经合组织国家	– 10	– 49	– 5	23
中国	– 10	– 41	– 34	– 67
印度	– 10	153	– 33	– 36
非洲	– 10	378	– 8	9
俄罗斯	– 10	– 71	– 4	– 49
中东	– 10	– 51	– 27	– 50
拉美	– 10	76	– 10	0
世界	– 10	– 10	– 10	– 10

资料来源：IEA（2008）。

另外，由于进入 21 世纪以来，国际能源价格大幅度上涨，而中
国对能源实施价格管制和能源补贴，使其能源成本相比国外具有明显
优势，从而助推了高耗能产品的大量出口，特别是对美国、欧盟等国
家和地区的出口。从图 5 – 4 中可见，钢铁、水泥等高耗能产品近几
年来出口总量大幅度增加。其中，2008 年中国出口到美国的钢管达
228 万吨，中国的钢铁出口已占世界总量的 12.1%，而 2010 年中国

出口钢材达 4256 万吨，同比增长 73%。[①] 而图 5 – 5 的国际比较表明，中国在这些高耗能产业的能源效率要远低于世界平均水平，说明按照实际消耗能源所产生的碳排放来计算，中国出口产品每单位所要被征收的碳税将高于世界平均水平。因此，从碳税成本而言，中国出口产品处于较大的比较劣势地位。

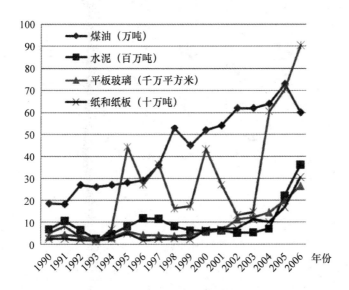

图 5 – 4　中国能源密集型产品出口量

资料来源：转引自吴力波、汤维祺《碳关税的理论机制与经济影响初探》，《世界经济情况》2010 年第 3 期。

可见，无论从减排标准、能效，还是能源补贴引起的相对能源成本优势，中国都满足被美国、法国征收"碳关税"的条件。而一旦此关税的征收开了先例，将立即会引起"蝴蝶效应"，被推广至全球，对中国的外贸、经济等各方面将产生极大的影响。当然，这种影响如前所述，一方面有利于制约高耗能、高排放产品的生产，促使中国外贸与经济增长方式的转变，实现低碳经济的发展方式，最终实现

———————————

① 中国海关统计资料。

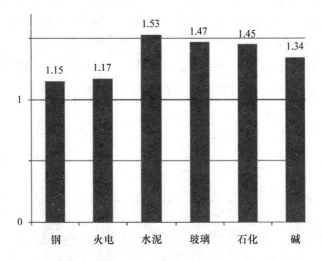

图 5 - 5　中国高耗能产品单产能耗与世界平均水平对比

资料来源：转引自吴力波、汤维祺《碳关税的理论机制与经济影响初探》，《世界经济情况》2010 年第 3 期。

环境与贸易经济发展的平衡。另一方面却会形成贸易壁垒，使中国外贸出口产品成本增加，削弱其国际竞争力，中国外贸环境会更加复杂与严峻。如根据世界银行的研究报告，如果全面实施"碳关税"，中国制造在国际市场上可能面临平均 26% 的关税，出口量可能因此下滑 21%。[1] 曹静、陈粹粹（2010）运用一个中国的可计算动态一般均衡（CGE）模型对中国"碳关税"征收造成的经济福利与环境效益进行了模拟，得出无单边碳税 + 出口"碳关税"的中国福利损失最大，而单边碳税带来的环境效益最大的结论。[2]

三　"碳关税"与对外贸易量的实证分析

关于"碳关税"对中国对外贸易量的影响，很多学者做了实证

---

① See World Bank, International Trade and Climate Change-Economic, Legal, and Institutional Perspectives, Washington, D. C. , 2007.

② 曹静、陈粹粹：《"碳关税"：当前热点争论与研究综述》，《经济学动态》2010 年第 1 期。

研究。如沈可挺和李钢（2010）构建了一个包含 41 个部门的动态
CGE 模型，测算了每吨碳 30 美元或 60 美元的关税税率对中国工业品
出口可能产生的影响。结果表明，这两种关税税率可能使中国工业品
出口量下降 3.53% 和 6.95%，而且被认为属于非能源密集型或非碳
密集型机械制造业的出口可能受到的冲击较大。[1][2] 吴力波、汤维祺
（2010）按照美国及欧洲不同的碳税方案计算了中国四大能源密集型
出口部门所需支付的税额。得出按美国方案，中国每年最多需要支付
22.53 亿美元，按欧洲方案，最多需要支付 76.75 亿美元。中国出口
企业基本可以接受低碳税，但中碳税、高碳税下出口企业基本无利可
图。[3] 周玲玲等（2010）运用 2007 年的投入产出表，分别按产品直接
排放和内涵排放，比较分析了每吨碳 35 美元、50 美元及 60 美元三
种碳税税率下中国出口产品的关税水平。结果显示，若按照出口产品
内涵排放量征收，将导致中国出口产品的关税水平提高 3%—6.3%，
若按产品直接排放计算，则提高 0.8%—1.7%。2007 年，前者征收
的碳税总额约为 426 亿—730 亿美元，是后者总税额的四倍。[4] 刘小
川等在课题《美国征收"碳关税"对中国经济的影响》中，也通过
模型研究得出每吨 30 美元碳税下，中国进口总额会下降 0.517%，
出口总额下降 0.715%，GDP 下降 0.021%，而每吨 60 美元则使进口
总额会下降 0.869%，出口总额下降 1.244%，GDP 下降 0.037%。
鲍勤等（2010）构建了"碳关税"可计算一般均衡模型，从每吨 10
美元到 100 美元的 10 种"碳关税"税率情景进行测算。结果表明，
一方面，"碳关税"会给中国对外贸易直接带来巨额财富损失，从而
会对中国整个经济造成极大的负面影响。另一方面，"碳关税"能在

　　① 沈可挺：《碳关税争端及其对中国制造业的影响》，《中国工业经济》2010 年第 1
期。

　　② 沈可挺、李钢：《碳关税对中国工业品出口的影响——基于可计算一般均衡模型的
评估》，《财贸经济》2010 年第 1 期。

　　③ 吴力波、汤维祺：《碳关税的理论机制与经济影响初探》，《世界经济情况》2010
年第 3 期。

　　④ 周玲玲、顾阿伦、滕飞、何建坤：《实施边界碳调节对中国对外贸易的影响》，
《中国人口·资源与环境》2010 年第 8 期。

一定程度上减少碳排放，不过其环境改善的效果相对有限。其中，在每吨 30 美元碳税下，出口额会直接下降 0.279%，进口额也会间接受影响下降 0.119%。而在每吨 60 美元碳税下，出口额会直接下降 0.506%，进口额也会间接受影响下降 0.117%。[①] 黄凌云、李星（2011）则通过 GTAP 模型，模拟了每吨 30 美元及 60 美元的税率下，美国征收"碳关税"对中国对外贸易的影响。得出结论：中国对美出口中，矿物制品业的出口受到的冲击最大，分别为 -35.86% 和 -63.32%。其次为金属矿业，分别减少了 22.51%、41.99%。造纸业也分别下降了 10.4% 和 20.22%。而其他制造业相对而言受到的冲击较小，分别下降 1.49% 和 3.13%。[②] 可见，由于使用的模型与方法不同，使用的"碳关税"税率标准不一，得出的具体结果各不相同。而且有的计算只是限于制造业或几种工业品，有的设置的税率并无确切依据，有的计算与模拟方法非常复杂可能不具有可操作性。因此，为了进一步细致描述"碳关税"对中国对外贸易量可能造成的影响，本书在前面利用投入产出法计算出中国 28 类出口行业产品的二氧化碳排放量的基础上，选用沈可挺和李钢（2010）设置的碳税税率标准，即每吨 30 美元或 60 美元，简单计算出 2007 年中国各类出口产品的"碳关税"税额，结果如下：

表 5-13　　　　　中国出口产品"碳关税"税额　　　　　单位：亿美元

行业部门	每吨 30 美元情景下	每吨 60 美元情景下
农林牧渔业	2.83	5.66
煤炭开采和洗选业	59.52	119.03
石油和天然气开采业	10.50	21.00
金属矿采选业	2.61	5.22
非金属矿及其他矿采选业	7.10	14.20

① 鲍勤、汤铃、杨列勋：《美国征收碳关税对中国的影响：基于可计算一般均衡模型的分析》，《管理评论》2010 年第 6 期。

② 黄凌云、李星：《美国拟征收碳关税对我国经济的影响——基于 GTAP 模型的实证分析》，《国际贸易问题》2011 年第 3 期。

续表

行业部门	每吨 30 美元情景下	每吨 60 美元情景下
食品制造及烟草加工业	3.10	6.20
纺织业	12.31	24.62
纺织服装鞋帽皮革羽绒及其制品业	2.53	5.06
木材加工及家具制造业	2.47	4.94
造纸印刷及文教体育用品制造业	16.22	32.44
石油加工、炼焦及核燃料加工业	116.75	233.51
化学工业	40.33	80.66
非金属矿物制品业	41.17	82.35
金属冶炼及压延加工业	66.94	133.87
金属制品业	2.31	4.62
通用、专用设备制造业	4.67	9.34
交通运输设备制造业	3.19	6.38
电气机械及器材制造业	1.44	2.88
通信设备、计算机及其他电子设备制造业	2.65	5.30
仪器仪表及文化办公用机械制造业	1.46	2.92
工艺品及其他制造业	4.85	9.69
电力、热力的生产和供应业	146.87	293.74
燃气生产和供应业	42.53	85.07
水的生产和供应业	0.91	1.81
建筑业	1.37	2.74
交通运输及仓储业邮政业	50.63	101.25
批发、零售业和住宿、餐饮业	4.71	9.42
其他行业	16.04	32.07
合计	668.01	1336.02

　　结果表明，按 2007 年的投入产出表，如果按出口产品的完全碳排放量来征收"碳关税"，在二氧化碳每吨 30 美元和 60 美元的税率下，"碳关税"税额将分别高达 668 亿美元和 1336 亿美元。这与前面所有学者研究得出的结论基本一致，即：征收"碳关税"，将会导致中国进出口贸易规模的大幅度缩减，特别是对高能耗高排放产品的

出口影响甚大，也必然影响中国外贸与经济的健康持续发展。

第四节 中国对外贸易非关税壁垒分析

如前所述，由于美国、欧盟、日本三大贸易强国追求低碳经济的发展方式，在目前还不能运用"碳关税"的情形下，已经利用技术法规、严格检疫制度、绿色技术标准、绿色包装等多种形式的非关税手段构筑了国际贸易的环境壁垒。中国作为最大的发展中国家及贸易大国，必然会面临更严峻更复杂的外贸环境，对外贸易将受到各种非关税壁垒的制约。

一 中国将面临的新的非关税壁垒

低碳经济作为一种新型经济社会发展方式，对全球贸易提出新的要求，发达国家以节能减排、减少环境污染等为由制造出更多有别于传统配额限制等新的非关税壁垒。由于发达国家的低碳技术、减排技术等都比发展中国家明显发达，因此处于全球化背景下的中国不得不面对日益复杂的外贸环境，面对更多的非关税壁垒。

一是贸易救济措施严重影响中国贸易。自1979年欧共体对中国糖精、盐类、闹钟发起第一宗反倾销调查起，中国逐渐成为受贸易救济措施严重影响的最大受害国家。根据WTO的数据，2008年世界上反倾销案的35%都是针对中国发起的，中国已连续14年成为遭遇反倾销调查最多的WTO成员。而在2014年，针对中国的反倾销案件就有63起，占到了该年全球反倾销案的27%。2009年，仅美国就对中国发起反倾销、反补贴和特保调查23起，"337"调查6起（2015年上半年则为5起），案件数量比2008年增长53%。2015年上半年，G20对中国出口产品发起贸易救济调查30起，是2009年7起的4.3倍，占全球案件总数的81%。尤其是拉美国家对我国的贸易救济立案数量在逐年上升，2015年同比增长了27%。其中，2010年9月16日，欧盟委员会对中国数据卡发起反补贴调查，成为迄今为止中国遭遇涉案金额最大（41亿美元）的贸易救济，而且其首次对中国同一产品同时进行三种贸易救济调查，这在国际贸易救济实践中极为罕见。由此可见，在国际市场需求增长乏力，国际竞争加剧的情况下，美欧滥用贸易救济措施，加强对绿色、新能源产业和电子信息产品的贸易保护，使得贸易摩擦加剧，中国出口贸易受此贸易壁垒的严重制约。

二是技术壁垒和环境壁垒直接限制中国产品出口。欧盟、日本、美国以应对气候变化、保护环境为名，凭借它们的技术优势，利用 TBT 和 SPS 等手段对中国产品筑起了一道道市场准入障碍。在提出与实施低碳经济后，更是不断提高相关标准，强化出口产品节能减排的概念，使中国产品竞争优势相对减弱甚至被迫退出市场。2009 年 7 月 1 日起，美国正式实施五项化学品技术法规，严格限定了 40 种商业用黏合剂和密封剂产品、102 种消费品、53 种建筑和工业维护涂料，以及用于道路铺设、维护或修缮的化沥青中的挥发性有机化合物（VOC）含量。另外，根据欧盟《耗能产品生态化设计指令》（EUP）的规定，不符合其要求的产品将不能进入欧盟市场。而欧盟于 2011 年 3 月又发布《执行耗能产品生态化设计指令的委员会条例（草案)》，对空调设置了最低能效、最高噪声水平以及信息要求，并为电热风扇设置了信息要求，无疑为中国空调、电热风扇进入欧盟市场设置了一道壁垒。德国 2010 年 7 月立法禁止在消费品中使用六价铬，并将于年内批准生效，一旦生效，欧盟其他国家也会效仿，中国的皮革业将会受到重创。日本在 2009 年 4 月试行碳标签制度，规定将商品及服务的生命周期中排放的温室气体换算成二氧化碳，并加贴标签标识。截至 2011 年 2 月 16 日，该制度已广泛涉及农产品、轻工和部分机电产品，扩大至 94 类。这项制度虽属自愿制度，但可能会导致日本消费者优先选择本国低碳产品，减少对中国产品的选择，从而使中国产品处于竞争劣势。而英国、法国、瑞士和韩国等都已开始推进类似措施。国际标准化组织（ISO）也计划于 2011 年 11 月推出相关国际标准。可见，这些制度及相关技术、环境标准的推出不仅意味着中国产品出口成本增加，更应提高节能减排技术、低碳技术，尽量减少产品隐含碳排放方可进入国际市场。

三是新型非关税壁垒不断增加，逐渐影响中国的对外贸易环境。在发达国家深陷金融危机转向追求低碳经济的过程中，一些新的非关税壁垒形式不断出现，严重影响中国的外贸环境。如美国、欧盟一些国家从 2004 年 5 月 1 日开始强制推行的 SA8000 认证标准（被称为劳工标准或蓝色壁垒），就足以使中国大部分劳动密集型企业陷入危机。还有动物福利壁垒，根据发达国家相关法规，阻止进口国特别是发展中国家动物源性商品的进口。知识产权壁垒，美国对中国出口产品频频发起 337 调查，仅 2009 年就达 6 起等。除了以上针对具体出口产品的非关税壁垒，发达国家更从产业政策及汇率制度等宏观层面发起对中国的贸易摩擦，使得中国外贸环境更加严峻。比如美国经济刺激计划中明确写入了"购买美国货"的条款，并于 2010 年 1—9 月间通过现金支付方式给美国新能源企业提供了 46 亿美元补助，其中 30 亿美元给了风电企业。欧委会统一放宽了各成员国对企业补贴的政策约束，增加了对其奶制品行业的出口补贴。俄罗斯也于 2008 年 5 月通过了一项限制外国投资能源、电信和航空等 42 个"战略"行业的法规，意图通过立法限制外国投资。

二 新的非关税壁垒对中国的影响

以上种种非关税壁垒的存在，使中国的外贸环境日趋复杂和严峻。虽然从长期看，一些技术与环境壁垒，包括 SA8000、知识产权等新型壁垒由于其标准的存在与不断提高可能会促使中国企业与产业发展更加注重技术与产品的自主创新，会迫使其提高与更新技术，提高环保意识，从而产生一些积极的正面影响。如孙晓琴（2006）曾研究表明，技术壁垒每增加 1%，机械运输设备工业值增加 187.54 亿元。[①] 但从短期来看，非关税壁垒对中国的影响却是消极负面的。

非关税壁垒致使中国对外贸易受到严重损失。各种形式的非关税壁垒不断涌现，中国作为世界第三大贸易实体和第一大出口国受到的

---

① 孙晓琴等：《技术性贸易壁垒对中国产业竞争力中长期影响的实证分析》，《国际贸易问题》2006 年第 5 期。

损失非常严重。2008 年，中国遭遇的反倾销、反补贴调查分别占全球总数的 35% 和 71%，仅技术性贸易壁垒就影响到 36.1% 的出口企业，导致全年出口贸易直接损失 505.42 亿美元。而据海关统计，整个 2008 年中国出口 14285.5 亿美元，增长 17.2%，比上年同期回落了 8.5 个百分点。进入 2009 年以来，美国、欧盟、印度、阿根廷、加拿大、土耳其、秘鲁、巴西等 13 个国家（地区）对中国出口产品不断发起"两反两保"调查，涉及金额远超过 80 亿美元，致使 2009 年中国出口总额为 1.2 万亿美元，同比下降 16%，进口总额为 1.01 万亿美元，同比下降 11.2%。

　　非关税壁垒导致中国企业与产品竞争力下降。目前，中国几乎所有的出口产品都受到了进口国非关税壁垒的阻碍，进口国对出口产品都制定了技术性规范和规章，提出了包装和标签的要求，设置了检验和检疫的规定、环保等多方面的限制，导致中国产品出口成本增加，企业与产品竞争力下降。一方面，中国主要外贸出口市场是欧盟、美国、日本、俄罗斯和拉美国家，现在这些国家和地区以保护本国或本地区的环境为借口，特别是一些发达国家专门针对中国的某些商品设置绿色壁垒，使中国商品进入国际市场面临极大阻力，使中国产品在国际市场的竞争力大大减弱，市场份额也显著减少，甚至影响到国内整个产业的发展。如发达国家制定的防污标准、噪声标准、电磁辐射标准等都起到了阻止中国机电类产品出口的作用。再以中国陶瓷业为例，自 2001 年以来，中国陶瓷业连续遭到印度等国的反倾销措施，部分国家的反倾销税率更是高达 200% 以上，2011 年 3 月欧盟宣布对中国 1500 多家陶瓷企业征收高达 73% 的临时惩罚性关税，导致不少陶瓷企业将彻底退出欧盟市场。而占了中国陶瓷出口近 80% 的佛山陶瓷对欧盟出口，据保守估计 2011 年同比降幅可能达到 50%，可能有 15% 的企业面临关闭，导致 4、5 万从业人员失业。[①] 另一方面，由于发达国家制定的各种环境标准要求企业投入大量人力与资金，运用环保理念和先进的科学技术，形成完整的产品环保体系，而且中国

---

　　① 《欧盟反倾销压顶，中国陶瓷业面临生死大考》，《北京商报》2011 年 3 月 23 日。

企业为达到其标准还必须增加产品测试、检验、认证等各项费用，导致出口厂商成本大幅度提高，价格优势不断削弱，从而丧失国际市场竞争力，企业效益也明显降低。如 2001 年 10 月，欧盟借口危害人身安全，规定进入欧盟市场的打火机（价格在 2 欧元以下的）必须加装一个安全锁，使中国温州打火机产业遭受灭顶之灾，许多打火机制造厂商破产。

非关税壁垒还影响中国与其他国家或地区的贸易关系。由于非关税壁垒多以发达国家制定的环境或技术标准为主，因此这种以保护环境和国民健康为名的单方面贸易措施，起到的更多作用是限制了包括中国在内的发展中国家产品出口。因此引发的中国与美国、欧盟等国的贸易摩擦日益增多。以中美贸易为例。近年来，中美贸易摩擦频发，特别在 2009 年，美国对中国发起反倾销、反补贴和特保调查 23 起，"337"调查 6 起，比 2008 年增长 53%，占全球对中国贸易救济调查总数的 25%，涉及金额 75.85 亿美元，占全球对中国贸易救济调查总额的 65%。而据美国商务部统计，2009 年中美双边贸易额下降 10.2%。其中美国对中国出口下降 0.2%，为 695.8 亿美元，而进口下降至 2964.0 亿美元，降幅达 12.3%。

总之，全球经济危机的爆发，导致各国在追求以低碳产业、低碳经济为战略产业，经济复苏的发动机时，为了维护自身的经济利益，纷纷采取各种形式的非关税壁垒，对中国出口贸易形成了极大的阻碍，削弱了企业与产品竞争力，导致贸易摩擦日益加剧，中国与他国贸易关系紧张，也促成了全球贸易环境的复杂化。究其原因，一方面是由于中国外贸规模的迅速壮大，国际市场占有率越来越大。而近年来世界市场低迷，特别是 2008 年金融危机发生后，发达国家为了保护国内市场和产业竞争力重振本国经济，不断兴起贸易保护主义，致使中国面临的外贸环境更加复杂化，从而频频遭受贸易摩擦，不得不面临日益增多的更隐蔽和更直接的非关税壁垒。另一方面则源于中国自身粗放型的外贸增长方式导致中国出口产品处于国际分工产业链的低端，主要以劳动密集型产品和低价产品、仿造产品为主，致使其他国家不断发起蓝色壁垒、贸易救济及知识产权壁垒，同时中国粗放式的经济和外贸增长方式也忽视产品的环保、质量与安全，必然成为发达国家绿色壁垒的牺牲品。因此中国必须转变经济发展方式，发展低碳经济，强化低碳产品观念，环保观念，加快发展低碳技术，低碳产业，发展绿色贸易，积极应对国外各种非关税壁垒，突破严峻的外贸环境对中国对外贸易的威胁。

本章小结

本章具体分析了低碳经济对中国对外贸易环境的影响。低碳经济是中国转变经济、外贸发展方式的必由之路，也是优化中国对外贸易环境的最佳路径。但低碳经济对中国对外贸易的发展也提出了更高的要求，并通过对外贸易结构、"碳关税"、非关税壁垒三种渠道使中国面临的对外贸易内外部环境更加复杂与严峻。本书首先对中国进出口商品结构进行了一般分析，得出中国出口产品主要以高耗能、高排放的工业制成品为主，进口商品多以低耗能、低排放的机电产品和高新技术产品为主的结论。所以进出口商品结构的不合理可能是导致中国碳排放量增加的一个影响因子。为了更好地考察低碳经济对中国贸易结构的影响，运用投入产出分析工具，按 28 个产业出口类别分别计算了中国 1997 年、2002 年、2007 年出口各类产品的隐含碳，结果表明：三年中，电力、热力的生产和供应业出口产品隐含碳排放居首位，且逐年增加，2007 年达 4.89 亿吨，其次为石油加工、炼焦及核燃料加工业，金属冶炼及压延加工业。另外，交通运输及仓储业邮政业，通用、专用设备制造业在 2007 年的隐含碳排放几乎是 1997 年的两倍，批发、零售业和住宿、餐饮业，其他行业，纺织业等也逐年增长。进一步说明中国外贸商品结构不够合理，必须调整中国进出口商品结构，减少出口产品隐含碳排放量。接着，运用多元线性回归模型对中国产业结构与低碳经济的关系进行了实证分析，从而间接分析了中国对外贸易结构与低碳经济的关系。实证结果表明，中国第三产业的增长会降低碳排放量，因此要大力发展服务贸易，才能赢得更宽松的外贸环境。另外，从实证结果看，中国出口产业主要集中在化学原料及化学制品制造业、非金属矿物制品业、黑色金属冶炼及压延加工业、有色金属冶炼及压延加工业、石油加工炼焦及核燃料加工业、电力热力的生产和供应业六大高耗能、高排放行业。而一旦美国、欧盟等国家与地区对中国产品实施"碳关税",中国出口产品就将面临高额"碳关税"。本书在前面利用投入产出法计算出中国 28 类出口行业产品的二氧化碳排放量的基础上,选用沈可挺和李钢(2010)设置的碳税税率标准,即每吨 30 美元或 60 美元,简单计算出 2007 年中国各类出口产品的"碳关税"税额。结果表明,按 2007 年的投入产出表,如果按出口产品的完全碳排放量来征收"碳关税",在二氧化碳每吨 30 美元和 60 美元的税率下,关税税额将分别高达 668 亿美元和 1336 亿美元。可见,征收"碳关税",将会使中国产品出口成本大增,产品竞争力削弱,导致中国进出口贸易规模的大幅度缩减,特别是对高能耗、高排放产品的出口影响甚大,进而影响国内相关产业的发展,也必然影响中国外贸与经济的健康与持续发展。而且随着低碳经济的发展,各主要发达国家与地区不断利用低碳技术标准及碳标识等非关税壁垒手段对中国出口贸易形成新的环境壁垒,使中国对外贸易特别是出口损失严重,削弱了中国企业与产品竞争力,也导致各类贸易摩擦日益加剧,影响中国与其他国家或地区的经贸关系,促成了全球贸易环境的复杂化。因此,目前在不能减少出口总额保持出口外贸增长的条件下,必须调整中国进出口商品结构,减少中国出口产品隐含碳排放量,积极应对"碳关税",发展服务贸易,发展绿色贸易,才能从容面对日益复杂的外贸环境。

第六章　优化对外贸易环境的对策与建议

　　无论是从国际贸易大的客观环境，还是从中国自身的外贸发展环境来看，无论是缘于发达国家追求低碳经济施加的压力，还是迫于中国自身向低碳经济发展方式转变的内涵要求，中国对外贸易环境都不再如从前自由宽松，已经开始变得日趋复杂和严峻。为了更好地发展对外贸易，必须深刻剖析中国对外贸易面临的新机遇与新挑战，采取积极正确的措施优化对外贸易环境，为中国发展提供一个良好的外部环境，从而将中国从贸易大国打造为贸易强国，实现对外贸易和经济的持续健康发展。

第一节　中国对外贸易面临的机遇与挑战

　　进入 21 世纪以来，中国对外贸易发展飞快，迅速崛起成为名列前茅的世界贸易大国，中国国情与国力都发生了巨大变化。同时，中国在世界经贸舞台上的地位与角色也悄然转变。特别在应对全球气候变化、应对国际金融危机、追求发展低碳经济之时，中国对外贸易将进入一个新的发展期，同时必将面临新的机遇与挑战。

一　中国对外贸易面临的机遇

　　一是中国国力增强，国际地位进一步提升。2015 年中国国内生产总值达到 67.67 万亿元，跃居世界第二位，同比增长 6.9%。而

2005—2010 年的五年间，年均增长 11.2%，人均国内生产总值约 8016 美元，国家财政收入达到 15 万亿元。中国对世界经济增长的贡献率已从 1978 年的 2.3% 上升到 2015 年的 25%，位居世界第一。尤其在 2008 年金融危机后，中国经济依然保持强劲的增长势头，对世界经济的贡献率达到 20% 以上。中国已成为世界第二大经济体，国际地位明显提升，对世界经济影响力越来越大。因此在全球目前进行经济政治格局调整的新时期，中国在国际上的话语权大增，为中国积极参与国际贸易规则的制定，从而在国际贸易格局调整时争取有利的发展空间、优化外贸环境、发展对外贸易提供了积极便利的条件。中国国家主席胡锦涛先后参加了三次华盛顿、伦敦、匹兹堡 20 国集团金融峰会，中国第一次与世界大国合作，推动了世界经济较快复苏，并理性地推动国际金融体系改革，稳定全球经济与贸易增长，为中国的对外贸易创造了良好的外部环境条件。在全球以气候变化为由，发展低碳经济，保护自身经济利益，引发贸易保护主义抬头时，中国主张加强国际协调，支持 WTO 限制成员方出台新的保护措施，并加大进口，赢得了越来越多贸易伙伴的肯定与认可，弱化了一段时间以来国际上针对中国的各种贸易限制甚至敌意，为中国对外贸易发展创造了良好的外部环境。

　　二是中国已成为"坐二望一"的贸易大国。[①] 进入 21 世纪以来，中国对外贸易增速明显提高。尽管在 2009 年世界金融危机受到了严重冲击，对外贸易额比 2008 年同比下降了 13.9%，但还是以 22073 亿美元超越了德国，成为世界第二大贸易国。2010 年外贸总额继续保持增长，高达 29728 亿美元，同比增长 34.7%。其中，货物出口 15779 亿美元，增长 31.3%，进口 13948 亿美元，增长 38.7%。进口增幅分别高于进出口增幅及出口增幅 4.0 及 7.4 个百分点。对外贸易顺差 1831 亿美元，同比减少 126 亿美元，贸易顺差占进出口总额的 6.3%，较 2005 年下降了近 1 个百分点。可见，中国如今已成为世界第二大贸易国和第一大出口国，外贸长期顺差，在全球贸易增长中发

---

　　① 《中国商务发展报告 2010》，中国商务出版社 2010 年版。

挥着日益重要的作用。由于进口的扩大，中国为不少国家和地区提供
了重要市场，成为支持贸易伙伴经济增长的重要因素，因此这些主要
贸易国家和地区都将中国作为今后的主要目标市场（见表6－1），而
且从表中可得出，2010年，欧盟、美国、日本的进出口额占中国对
外贸易进出口总额的45.6%，较"十五"末减少了3.6%。而对东
盟、"金砖四国"中的其他三国占比则分别提高了0.5%和1.3%，
对拉美和非洲也分别提高了2.1%和1.4%，可见中国的贸易集中度
不再局限于几个发达国家。同时，中国外汇储备2010年已达到2.8
万亿美元，同比增长18.7%，占世界各国总储备额的30%以上，成
为净债权国。这些都极大增强了中国的经济实力及抗击各种金融风险
的能力，也说明中国已成为名副其实的贸易大国，在国际分工体系及
世界贸易中占有重要的地位，为中国对外贸易进一步发展提供了巨大
的动能与保证。

表6－1　　2010年对主要国家和地区货物进出口额及其增长速度

国家和地区	出口额（亿美元）	比上年增长（%）	进口额（亿美元）	比上年增长（%）
欧盟	3112	31.8	1685	31.9
美国	2833	28.3	1020	31.7
中国香港	2183	31.3	123	40.9
东盟	1382	30.1	1546	44.8
日本	1211	23.7	1767	35.0
韩国	688	28.1	1384	35.0
印度	409	38.0	208	51.8
中国台湾	297	44.8	1157	35.0
俄罗斯	296	69.0	258	21.7

资料来源：《中华人民共和国2010年国民经济和社会发展统计公报》，国家统计局
网站。

　　三是低碳经济的实施也为对外贸易的持续发展提供了新的机会。
目前全球已进入低碳经济时代，即世界经济、国际金融以及全球投资

贸易由高碳向低碳转型的时代。低碳经济的实施不仅仅止于碳减排和应对气候变化，还有利于构建中国新兴战略出口产业，促进中国低碳技术的进口，从而培育新的经济与贸易增长点，从长期讲更有利于中国对外贸易的持续发展。特别是碳交易市场的形成和发展，会进一步激励低碳经济贸易的发展，从而催生新能源等绿色产业的发展。据国际排放交易协会（IETA）统计，2008 年全球碳交易总量达到 48 亿吨，市值 1263.5 亿美元，同比上升 100.6%。而据 WTO 预测，到 2030 年全球绿色贸易的市场总量约为 30 万亿美元。世界银行的最新预测表明，2008—2015 年，全球碳交易市场的规模每年可达 600 亿美元。至 2012 年，全球碳交易额市场将达到 1500 亿美元左右。英国新能源财务公司报告也预计，到 2020 年全球碳交易市场将达 3.5 万亿美元，并有望赶超石油市场成为全球最大市场。中国碳交易市场起步较晚，但发展也较快。北京、上海、天津、深圳都已成立了碳排放权交易所。另外，中国再生清洁能源发展的总投资在 2009 年超过 346 亿美元，首次超过美国成为全球第一大再生清洁能源投资国。据世界银行统计，2009 年中国在全球五大再生清洁能源生产能力领先的国家中，以 76 千兆瓦的产能位居第一位。其中，风电装备行业利用外资和引进技术的比重最大，促使中国东方汽轮发电机厂生产的 2.5 兆瓦风电机组凭借国际先进水平的新一代产品进入国际市场，并有望成为中国可再生能源机电仪器设备出口的新增长点。可见，低碳经济的发展不仅为中国对外贸易培育了新的增长点，更提供了新的可持续发展机会。

二　中国对外贸易面临的挑战

　　虽然中国经济贸易实力大增，低碳经济为其对外贸易的持续发展也创造了新的时机，但目前中国发展对外贸易却面临更多的挑战。

　　一是世界经济低迷，使中国对外贸易环境压力加大。2007 年的金融危机打破了原有的世界经济格局，发达国家在国际经济中的主导地位有所弱化，包括中国在内的发展中国家和新兴经济体经济实力有所上升。但毋庸置疑的是，新兴经济体的经济总量与竞争实力远远不如发达经济体，由于大国竞争和战略发展意识的凸显，致使中国对外贸易面临的内外部环境更趋复杂。一方面，从外部环境来看，金融危机和欧洲债券危机发生后，世界经济长期处于低迷调整状态，虽然2010年后呈现出缓慢复苏态势，但因缺乏内生的经济增长动能，发达国家与地区金融系统问题频出，失业率居高不下，大国博弈日益凸显，使得世界经济复苏基础不稳固，复苏进程仍将面临多重矛盾。世界经济发展的疲弱必将导致中国外需市场的萎缩，而美国坚持量化宽松的货币政策必将导致全球流动性过剩，使大宗商品价格持续上涨，从而使中国的进出口贸易面临较大的挑战与压力。另一方面，从内部环境来看，中国经济一直保持平稳较快发展，同时又受结构失衡、收入失衡、增长的质量和效益问题的制约。而且，各种要素诸如土地、原材料、劳动力等成本上升，环境资源的瓶颈约束，产业结构调整和劳动力供给的结构性矛盾凸显，使得中国经济面临保增长和调结构的两难选择，这些给中国对外贸易的转型升级和持续发展带来新的压力与挑战。

　　二是中国作为新崛起的经济贸易大国，必须面对一些新的挑战。首先，中国是一个新崛起的经济和贸易大国，必须考虑全球市场容量与能源资源供求。随着中国经济贸易的崛起，中国许多商品的出口量居全球首位，占有较大的世界市场份额。出口的快速增长对原有的市场格局及利益相关者造成了很大的冲击。同时，中国经济的超速增长带动了各种资源能源的消耗与进口量，引起了全球资源能源品的供求变化及价格波动，这些在国际上都被形容成"中国因素"或"中国威胁论"，使得其他贸易伙伴对中国贸易的发展持有抵触及敌意情绪，不利于中国外贸的发展。其次，在重大经济贸易政策问题上必须与主要经济体协商。随着中国经济贸易地位的提升，国际话语权的增大，与主要大国之间依存度的提高，中国国内经济贸易政策会通过贸易、投资及金融等渠道传导给其他国家和地区，因此必须与主要经济体磋商、协调以解决矛盾与分歧。再次，必须遵守并学会利用国际贸易规则。自加入WTO后，中国在WTO中的影响力逐渐增强。经济全球化与中国的崛起使利益格局更加复杂，中国巨大的贸易规模及较强的出口竞争力使中国在很多国际议题上成为众矢之的。而作为 WTO 成员国之一的大国，只能遵守国际贸易规则，避免被孤立，并且得学会利用大国地位参与贸易规则的制定、修改和完善，利用规则来化解矛盾与摩擦，为中国外贸发展创造更好的外部环境。这一系列的新局面、新要求与做法，对中国外贸发展来说，都是新课题，新挑战。

三是低碳经济使中国外贸环境更为严峻与复杂。如前面分析，低碳经济已成为国际共识，但也逐渐成为国家之间的利益博弈，将对世界经济政治利益格局产生深远的影响，也决定着中国在国际贸易规则制定上是否会有话语权。中国作为发展中国家及碳排放大国，粗放的经济外贸发展方式将不可持续，外贸结构与产业结构面临急需调整的压力。而"碳关税"及各种低碳标准、碳标签、碳标识等形式存在的非关税壁垒都使中国外贸环境更复杂。中国碳交易市场虽然发展迅速，但始终处于低碳贸易价值链的低端地位，碳交易利益链的高端仍在境外投资银行和碳排基金手中。要在参与构建全球碳交易市场中谋求碳市场的定价权和话语权，推进中国碳交易价值链由低端向中高端转变，这些对于中国对外贸易发展而言都是极大的挑战与压力。

第二节　优化中国对外贸易环境的路径与对策

以上可见，中国对外贸易发展已进入新的低碳经济时代。各国在追求低碳经济的过程中，通过对外贸易结构，"碳关税"与非关税壁垒等导致中国面临的外部环境愈发复杂和严峻。同时，中国对外贸易本身也面临着结构调整及其发展方式的不可持续问题，使得对外贸易面临的内部环境也非常严峻。因此，面对中国所处的国际贸易环境与国内贸易环境的双重复杂性，要想优化对外贸易环境，必须立足于中国，放眼世界，结合具体世情国情，从国际和国内两个层面上选择正确的路径与对策。

一　积极开展"环境外交"，参与国际贸易规则的制定

由于应对气候变化，实行低碳经济已不再是单纯的气候问题，发达国家已充分利用自己技术、资金的优势抢占了先机，且利用节能减排给包括中国在内的发展中国家不断施加政治、经济及外交压力，不断利用 WTO 的环境例外原则，推出"碳关税"及碳标准等绿色贸易壁垒，使中国外贸环境日益严峻。中国必须积极开展"环境外交"，充分发挥大国影响力，积极参与国际贸易规则制定，以获取更多积极贸易条件，突破低碳环境壁垒，为对外贸易发展创造宽松的外部环境。

在国际气候变化及减排问题上，坚定立场，开展联盟外交，维护中国碳利益。应坚持《京都议定书》里"共同而有区别的责任"原则，阐明中国已在行动，主动自觉积极减排的立场，并联合发展中外贸大国如印度和石油供应国，积极推动和参加与欧、美等发达国家的国际谈判，推动以历史累积排放量或人均 GDP 为碳标准确认各国减排责任以及减排成本分担机制的建立，为中国调整经济外贸结构、转变经济外贸发展方式尽量争取时间空间，减小国际压力，营造良好宽松的外部环境。

在"碳关税"问题上，坚持 WTO 的"自由贸易"原则和"最惠国待遇"原则，联合其他成员国一起坚决反对欧、美等国借"碳关税"之名行贸易保护之实的单边措施行为，取消"碳关税"壁垒。在碳标准等非关税壁垒方面，要积极参与各种国际社会组织活动，利用大国影响消除贸易保护壁垒。如中国积极参加 G20 峰会成功推动并达成各国不能再推出新的贸易壁垒与手段，并延长其期限的协议。同时，要广泛开展低碳技术国际合作，并积极参与各类有利于发达国家转让技术和提供资金支持的碳交易、清洁发展机制和碳汇贸易，尽快提升中国贸易产品低碳技术标准，让碳壁垒不攻自破。

二　构建低碳经济发展战略与体系，赢取更多国际话语权

目前，中国已是碳排放总量大国，中国的经济增长方式一直是高能耗高排放的粗放式增长，中国碳排放强度也比世界平均水平高，远高于美国和日本。而从前面分析的低碳经济对外贸环境影响来看，中国只有顺利实现低碳经济的发展方式才能优化产业结构进而优化外贸产业结构，大力发展服务贸易与低碳商品贸易，才能突破"碳关税"及非关税碳壁垒，才能在国际政治经济贸易新秩序中赢得更多话语权，从而为中国营造更好的发展空间，打造宽松自由的贸易环境，以保证中国对外贸易与经济的可持续发展。要顺利实现向低碳经济发展方式的转变，必须将低碳经济发展上升至国家战略层面，由国家主导制定各种制度与政策，构建一个全新的低碳经济发展战略与体系。具体如下：

（一）制定低碳经济发展战略，创建有效政策工具

中国应以科学发展观为指导，结合建设资源节约型、环境友好型社会和节能减排的工作需求，尽快研究制定国家低碳经济发展战略，开展社会经济发展碳排放强度评价，指导和引领政府、企业、居民的行动方向和行为方式。2009 年 11 月 25 日召开国务院常务会议，提出了中国的减排目标，即到 2020 年中国单位国内生产总值二氧化碳排放比 2005 年下降 40%—45%，作为约束性指标纳入国民经济和社会发展中长期规划，并制定相应的国内统计、监测、考核办法。这一目标的实现更离不开国家各种政策的支持。2011 年 3 月出台的《中国国民经济和社会发展十二五规划纲要》就明确提出：要健全节能减排法律法规和标准，建立完善温室气体排放统计核算制度，强化节能减排目标责任考核，健全节能减排激励约束机制，完善资源性产品价格形成机制和资源环境税费制度，并探索建立低碳产品标准、标识和认证制度等。只有积极运用各种制度政策手段，才能为低碳经济发展保驾护航。2016 年 3 月发布的《中国国民经济和社会发展第十三个五年规划纲要》更进一步指出：有效控制电力、钢铁、建材、化工等重点行业碳排放，推进工业、能源、建筑、交通等重点领域低碳发展；支持优化开发区域率先实现碳排放达到峰值；深化各类低碳试点，实施近零碳排放区示范工程；控制非二氧化碳温室气体排放；推动建设全国统一的碳排放交易市场，实行重点单位碳排放报告、核

查、核证和配额管理制度；健全统计核算、评价考核和责任追究制度，完善碳排放标准体系；加大低碳技术和产品推广应用力度。

（二）加快培育自主创新能力，开发低碳技术

目前发达国家在低碳技术上已有所建树，如英、德两国将发展低碳发电站技术作为减少二氧化碳排放的关键，美国政府通过"煤研究计划"支持能源部国家能源技术实验室进行清洁煤技术研发等。因此中国能否利用后发优势在工业化进程中实现低碳经济发展，很大程度上取决于中国自主创新能力的高低、低碳技术的优劣。一方面，我们应通过设立类似"碳基金"（英国）或"经济—科学研究联盟"（德国）等机构和组织，为中国低碳技术的研究和开发提供持续的资金支持和保障，并通过完善企业风险投融资体制，鼓励企业开发低碳技术。另一方面，必须重点着眼于中长期战略技术的储备，并整合市场现有的低碳技术，促进低碳技术的迅速推广和应用。第三方面，要加强国际间的技术交流与合作，促进发达国家对中国的技术转让，并利用"干中学"与模仿式创新相结合，进行低碳技术创新，从而实现低碳技术发展的"跨越式"进步。

（三）大力发展低碳产业，形成低碳产业集群

经济发展方式的转变关键在于调整中国的产业结构。根据前面实证研究表明，中国大力发展服务业将大大有助于在保持经济增长的同时减少二氧化碳的排放量。因此要创建低碳经济发展模式，必须大力发展以服务业为代表的低碳产业，并形成产业集群用以快速形成规模效应和累积效应。一方面，必须与中国发展战略性新兴产业相结合，在新兴产业的构建中树立低碳理念并以此为指导，确立主导产业，从而促进中国的产业结构升级。另一方面，要充分利用已有的产业集群，大力推广低碳产业集群理念，培育低碳产业集群。既要实现现有产业集群的转型升级，将传统的制造业集群、现有的工业园区、生产性服务业集群均提升为低碳产业集群，又要培育新的低碳产业集群，将新能源新材料行业定位于低碳产业集群。如国家能源署委员会在 2010 年 4 月 22 日的首次全体会议中，就将培育新能源产业作为下一步能源工作的重点，强调要下大力气落实 2020

年非化石能源消费比重提高到 15% 的目标。2012 年底，"中国绿色低碳产业集群"在深圳市前海落户，此低碳产业集群是由高灵能源科技有限公司主导，联合优势央企等机构共同筹建的，开启了我国绿色、低碳发展的新时代。除了深圳前海新区，天津滨海新区、海口低碳旅游岛、南沙开发区、兰州新区、福建平潭开发区等已经在启动阶段，预计综合规模在 2 亿—4 亿平方米，单区域整体蓄能能源站就能实现节约标煤 600 万吨以上，减少二氧化碳排放 1824 万吨，相当于减少 300 万辆汽车尾气的排放及植树 600 万亩，同时节约土地约 240 万平方米。①

（四）建设低碳城市

城市对资源的需求和碳排放的强度远远超出其所能承载的界限，使得资源环境问题成为中国城市化的瓶颈。如 2009 年 1 月气候集团（the Climate Group）发布《中国低碳领导力：城市》研究报告，通过 12 个不同人口规模的城市发展案例研究，展现中国在探索低碳经济模式中的努力，首次提出低碳经济的城市领导力体系，包括政策激励与制度安排、技术创新与应用、投融资机制和多方合作。低碳城市的建设，在世界在中国都是新事物，必须搞好其实验试点工作，积累经验用以推广。如 2008 年 1 月世界自然基金会（WWF）启动中国低碳城市发展项目，上海、保定入选首批试点城市。而于 2010 年中国开始启动第一批低碳省区低碳城市试点工作，将广东、辽宁、湖北、陕西、云南五省和天津、重庆、深圳、厦门、杭州、南昌、贵阳、保定八市作为低碳试点省市，被称为"五省八市"。2012 年，又启动了第二批试点工作。目前，中国共有 42 个国家低碳省区低碳城市试点，这些试点地区的人口占全国的 40% 左右，GDP 占全国总量的 60% 左右。2016 年 4 月 21 日，我国国务院副总理张高丽在出席《巴黎协定》高级别签署仪式时也提出，中国将坚持创新、协调、绿色、开放、共享的发展理念，大力推进绿色发展，采取扩大低碳城市试点、实施近零碳排放区示范工程、建设全国碳交易市场等措施，为全球生

---

① http://blog.sina.com.cn/s/blog_ 6ab1d5fe0101bdi0.html，2013 – 04 – 17.

态安全作出新贡献。①

（五）树立全民低碳理念，倡导低碳生活方式

低碳经济的发展最终还是得靠全民来落实。正如联合国环境规划署执行主任阿西姆·施泰纳说，在二氧化碳减排过程中，"普通民众拥有改变未来的力量"。作为世界第一人口大国，每个人生活习惯中浪费能源和碳排放的数量看似微小，一旦以众多人口乘数计算，就是巨大的数量。一方面，政府要建立健全法律法规，制定新的行业标准来倡导低碳消费。另一方面，更为关键的是树立全民低碳理念，倡导低碳生活方式。正如《中国国民经济和社会发展第十二个五年规划纲要》里提出：要倡导文明、节约、绿色、低碳消费理念，推动形成与中国国情相适应的绿色生活方式和消费模式。推行政府绿色采购，逐步提高节能节水产品和再生利用产品比重。鼓励消费者购买使用节能节水产品、节能环保型汽车和节能省地型住宅，减少使用一次性用品，限制过度包装，抑制不合理消费。据中国科技部《全民节能减排手册》计算，全国减少10%的塑料袋，可节省生产塑料袋的能耗约1.2万吨标煤，减排31万吨二氧化碳。可见，选择过低碳生活，是中国全民的"世界公民"责任担当，也是中国可持续发展、转变经济发展模式的最佳选择。

（六）加大资金投入，培养"低碳人才"

任何战略政策措施的制定与执行，最后都会落实到人。低碳经济作为一种全新的经济社会发展模式，对于高碳模式的中国更是探索与挑战。因此，加大资金投入，培养"低碳人才"对于低碳经济发展而言是很重要的一环。要多渠道、多方式培养获取人力资源，满足低碳经济发展对人才的需求。一方面，要以优惠条件和待遇引进各类低碳方面的"海归"人才，包括碳金融人才、碳技术人才、碳贸易人才等。"海归"在国外相关行业从业多年，对国外碳金融体系与模式、先进的低碳产业技术、碳贸易环境等都比较了解，他们的归来可大大缩减中国摸索过程中的开发时间和资源投入，节约各类成本。而

---

① http://mt.sohu.com/20160425/n445964159.shtml，2016-04-25.

且，他们在相关行业技术方面的优势也很明显，可以发挥无可替代的作用。另一方面，政府出资委托有经验的科研院所、相关高校开展大规模的培训，针对不同国家和地区，进行经济贸易知识、文化历史背景、国际碳技术、碳交易及碳金融等相关培训，为国家与企业对口培养所需低碳研发及碳金融贸易人才。

三　实行新的外贸战略政策，打造良好的对外贸易环境

改革开放至今，中国实行的"出口导向"外贸战略的确让中国成为贸易大国，为中国经济发展做出了重大贡献。但也因此中国成为他国的众矢之的，特别是低碳经济的实施，使得中国出口贸易越来越受限制，中国外贸发展面临的贸易环境形势日益严峻。因此，为了在低碳经济时代保证外贸发展的持续性，增强产品出口竞争力，充分发挥进口的重要作用，必须改变"出口导向"战略，实施新的外贸战略与政策，转变外贸发展方式，从而优化对外贸易结构，突破各种贸易壁垒，打造良好的对外贸易环境。

（一）实行均衡贸易战略，大力发展服务贸易

改变"出口导向"战略，并不是要减少出口，而是要实行均衡贸易战略，充分发挥进口与出口贸易对经济发展的协同促进作用。特别是在目前低碳经济时代，作为全球最大的发展中国家和第一大二氧化碳排放国，中国迫切需要引进节能环保技术与高能效的机器和设备。一方面可以节约研发成本以提高中国贸易产品的技术含量、降低其能耗和污染密集程度，从而使中国出口产品突破技术与环境壁垒，改善外贸环境。另一方面中国对低碳技术与设备的进口贸易为美国、欧盟和日本等发达国家能源及环保技术企业的海外扩张提供了广阔的市场，可以让它们基于利益合作放松对中国产品出口的限制，打造宽松的贸易环境。当然，实行均衡贸易战略，在重视增加进口的同时，并不能忽视出口，减少出口，而是转向更加注重出口贸易的质量与效益。

另外，要大力发展服务贸易。中国服务贸易发展虽然比较迅速，但与发达国家相比相对滞后，与贸易大国的地位不相称。2009 年，

中国服务贸易出口国际市场占有率为 3.9%，远低于美国的 14.2%、英国的 7.2% 和德国的 6.5%（见表 6-2）。由于服务贸易低耗能、低排放的特点，在低碳经济时代背景下，要进一步提升中国出口竞争力，最有效地途径是大力发展服务贸易，尤其是促进生产性服务业的发展，即为生产活动提供中间增值的服务环节。比如物流运输仓储、研发创新设计、信息咨询专业服务、金融保险投资等。促进与发达大国之间碳贸易如清洁能源项目（CDM）等的拓展，为中国引进资金和节能减碳技术，从而实现服务贸易与低碳经济的可持续发展，为中国对外贸易发展提供良好的环境。

表 6-2　　中国与美、英、德、日四国服务贸易出口国际市场占有率比较

年份 类别 国家	2001		2005		2009	
	世界份额（%）	全球排名	世界份额（%）	全球排名	世界份额（%）	全球排名
美国	18.1	1	14.7	1	14.2	1
英国	7.4	2	7.8	2	7.2	2
德国	5.5	4	6.2	3	6.5	3
日本	4.4	5	4.5	5	3.8	6
中国	2.3	12	3.1	9	3.9	5

资料来源：WTO《Internatiaonal Trade Statistics》（2002，2006，2010）。

（二）优化进出口商品结构，减少出口贸易隐含碳

制定相关政策优化中国进出口商品结构。可针对低耗能行业产品，如电气机械及器材制造业、通信设备、计算机及其他电子设备制造业、仪器仪表及文化办公用机械制造业、木材加工及家具制造业、纺织服装鞋帽皮革羽绒及其制品业等出口隐含碳较少的行业产品采取出口退税政策鼓励出口；对高耗能产品采取征收国内碳税或环境税的办法增加其出口成本限制其出口；可利用进口关税与非关税措施以鼓励绿色技术、不可再生资源的进口，而严格控制"黑色产品"的进口，从而优化进出口商品结构，减少出口贸易隐含碳。这样才能从容面对"碳关税"等日益复杂的外贸环境，不授以其他国家口实，使

中国陷入经济发展与节能减排两难的境地。

（三）制定各类绿色技术标准，突破绿色贸易壁垒

目前中国大部分国内绿色技术标准低于国际标准，随着中国对外贸易的不断发展，因此而产生的贸易摩擦日渐频繁，这就迫使中国必须建立与完善国内的标准体系，使其不低于国际标准和发达国家标准，使中国对外贸易的环境管理与国际环保法规和惯例接轨，而且要注重类似 ISO14000 环境标志认证的国际标准认证。这样才可以使中国外贸出口产品符合资源、低碳、环保等方面的国际标准，突破各种贸易壁垒。同时，还应大量吸收贸易专家和环境专家，培养熟悉WTO 实体规则和争端解决机制专业师队伍，以便配合政府参与争端解决程序，维护中国在国际贸易中的合法权益。

参考文献

中文文献

［1］鲍健强等：《低碳经济：人类经济发展方式的新变革》，《中国工业经济》2008 年第 4 期。

［2］鲍勤、汤铃、杨列勋：《美国征收碳关税对中国的影响：基于可计算一般均衡模型的分析》，《管理评论》2010 年第 6 期。

［3］蔡琦：《低碳经济时代的节约型社会初探》，《前沿》2010 年第 8 期。

［4］曹静、陈粹粹：《"碳关税"：当前热点争论与研究综述》，《经济学动态》2010 年第 1 期。

［5］柴莎莎、延军平、杨谨菲：《基于 SWOT 分析模型的中国低碳经济发展研究综述》，《江西农业学报》2010 年第 6 期。

［6］陈红蕾、陈秋峰：《我国贸易自由化环境效应的实证分析》，《国际贸易问题》2007 年第 7 期。

［7］陈红蕾：《自由贸易的环境效应研究——基于中国工业进出口贸易的实证分析》，中国博士学位论文库。

［8］陈红敏：《我国对外贸易的能源环境影响》，复旦大学博士学位，2009 年。

［9］陈继勇、刘威、胡艺：《论中国对外贸易、环境保护与经济的可持续增长》，《亚太经济》2005 年第 4 期。

［10］陈柳钦：《低碳经济——一种新的经济发展模式（中）》，《节能与环保》2010 年第 5 期。

[11] 陈柳钦：《低碳经济：国际发展动向与中国的行动》，《北京市经济管理干部学院学报》2010 年第 3 期。

[12] 陈柳钦：《低碳经济演进：国际动向与中国行动》，《科学决策》2010 年第 4 期。

[13] 陈诗一：《能源消耗、二氧化碳排放与中国工业的可持续发展》，《经济研究》2009 年第 4 期。

[14] 陈新平、周劲松：《碳关税若干问题研究》，《宏观经济管理》2009 年第 12 期。

[15] 陈迎、潘家华、谢来辉：《中国外贸进出口商品的内涵能源及其政策含义》，《经济研究》2008 年第 7 期。

[16] 单宝：《欧洲、美国、日本推进低碳经济的新动向及其启示》，《国际经贸探索》2011 年第 1 期。

[17] 邓柏盛、宋德勇：《我国对外贸易、FDI 与环境污染之间关系的研究：1995—2005》，《国际贸易问题》2008 年第 4 期。

[18] 低碳经济课题组：《低碳战争：中国引领低碳世界》，化学工业出版社 2010 年版。

[19] 董楠楠、钟昌标：《我国贸易与环境的问题研究》，《生态经济》2009 年第 2 期。

[20] 樊纲：《走向低碳发展：中国与世界：中国经济学家的建议》，中国经济出版社 2010 年版。

[21] 方超：《我国对外贸易与环境污染关系研究》，《现代商业》2009 年第 18 期。

[22] 方彦富、刘义圣：《世界经济新变化与中国外贸政策取向》，长春出版社 2010 年版。

[23] 冯之浚、周荣、张倩：《低碳经济的若干思考》，《中国软科学》2009 年第 12 期。

[24] 冯之浚、周荣：《低碳经济：中国实现绿色发展的根本途径》，《中国人口·资源与环境》2010 年第 4 期。

[25] 付敬：《梦想与挑战——低碳发展在中国》，汪力、黎洋译，新世界出版社 2011 年版。

[26] 付允、马永欢、刘怡君等：《低碳经济的发展模式研究》，《中国人口·资源与环境》2008 年第 3 期。

[27] 傅京燕：《环境规制、要素禀赋与贸易模式：理论与实证研究》，经济科学出版社 2010 年版。

[28] 高宏伟：《碳关税实施与我国经济发展的相关性预警分析》，《未来与发展》2010 年第 12 期。

[29] 高鹏飞、陈文颖：《碳税与碳排放》，《清华大学学报》（自然科学版）2002 年第 10 期。

[30] 高铁梅：《计量经济分析方法与建模：Eviews 应用及实例》，清华大学出版社 2006 年版。

[31] 顾朝林、谭纵波等：《气候变化、碳排放与低碳城市规划研究进展》，《城市规划学刊》2009 年第 5 期。

[32] 顾朝林、张晓明：《基于气候变化的城市规划研究进展》，《城市问题》2010 年第 10 期。

[33] 郭波：《新贸易壁垒论》，中国经济出版社 2008 年版。

[34] 郭印、王敏洁：《国际低碳经济发展现状及趋势》，《生态经济》2009 年第 11 期。

[35] 郭印、王敏杰：《国际低碳经济发展现状及趋势》，《生态经济》2009 年第 11 期。

[36] 国冬梅：《环境管理体制改革的国际经验》，《环境保护》2008 年第 4 期。

[37] 国家发展与改革委员会：《应对气候变化的全球合作框架思考——写在哥本哈根会议开幕之际》，《经济理论与经济管理》2010 年第 1 期。

[38] 国务院发展研究中心课题组：《当前发展低碳经济的重点与政策建议》，《政策瞭望》2010 年第 2 期。

[39] 国务院发展研究中心应对气候变化课题组张玉台、刘世锦、周宏春：《当前发展低碳经济的重点与政策建议》，《中国发展观察》2009 年第 8 期。

[40] 韩景华、张智慧：《低碳经济对我国贸易结构的影响及对策》，

《价格理论与实践》2010 年第 7 期。

[41] 何建坤、苏明山：《应对全球气候变化下的碳生产率分析》，《生态环境与保护》2010 年第 2 期。

[42] 何建坤、周剑、刘滨：《全球低碳经济潮流与中国的响应对策》，《世界经济与政治》2010 年第 4 期。

[43] 侯军岐：《中国低碳经济发展模式研究》，《调研世界》2010 年第 8 期。

[44] 胡芳：《环保和能源专家何平博士谈美国新能源战略及中国的对策》，《经济参考报》2009 年 4 月 17 日。

[45] 胡建梅：《国际贸易中的环境问题及对策研究》，《创新》2010 年第 1 期。

[46] 胡亮、潘厉：《国际贸易、外国直接投资、经济增长对环境质量的影响——基于环境库茨涅茨曲线研究的回顾与展望》，《国际贸易问题》2007 年第 10 期。

[47] 华民等：《中国经济竞争力的国际贸易环境研究》，复旦大学出版社 2010 年版。

[48] 黄河、赵仁康：《低碳经济与国际贸易规则的重塑》，《外交评论》2010 年第 5 期。

[49] 黄凌云、李星：《美国拟征收碳关税对我国经济的影响——基于 GTAP 模型的实证分析》，《国际贸易问题》2011 年第 3 期。

[50] 黄卫华、曹荣湘：《气候变化：发展与减排的困局——国外气候变化研究述评》，《经济社会体制比较》2010 年第 1 期。

[51] 黄卫平、宋晓恒：《应对气候变化挑战的全球合作框架思考——写在哥本哈根会议开幕之际》，《经济理论与经济管理》2010 年第 1 期。

[52] 黄晓凤：《"碳关税"壁垒对我国高碳产业的影响及应对策略》，《经济纵横》2010 年第 3 期。

[53] 霍建国：《中国对外贸易回顾与"十二五"展望》，《国际贸易》2011 年第 1 期。

[54] 姜克隽：《中国发展低碳经济的成本优势——2050 年能源和排

放情景分析》,《绿叶》2009 年第 5 期。

[55] 蒋勇、左玉辉:《关于贸易与环境关系的几点认识及其对我国的启示》,《城市环境与城市生态》2000 年第 13 期。

[56] 金乐琴、刘瑞:《低碳经济与中国经济发展模式转型》,《经济问题探索》2009 年第 1 期。

[57] 兰天:《贸易与跨国界环境污染》,经济管理出版社 1998 年版。

[58] 兰宜生、宁学敏:《绿色均衡贸易战略与中国产业安全》,上海财经大学出版社 2010 年版。

[59] 蓝庆新:《国际碳关税发展趋势析论》,《现代国际关系》2010 年第 9 期。

[60] 李汉君、孙旭:《中国价格贸易条件变动趋势与出口商品结构:基于 1981—2008 年的时序数据的研究》,《国际贸易问题》2009 年第 3 期。

[61] 李宏岳、陈然:《低碳经济与产业结构调整》,《经济问题探索》2011 年第 1 期。

[62] 李键:《经济全球化背景下的新贸易壁垒》,东北财经大学出版社 2007 年版。

[63] 李静云:《"碳关税"重压下的中国战略》,《环境经济》2009 年第 9 期。

[64] 李丽平、任勇、田春秀:《国际贸易视角下的中国碳排放责任》,《环境保护》2008 年第 392 期。

[65] 李仁真、秦天宝、李勋:《WTO 与环境保护》,湖南科学技术出版社 2006 年版。

[66] 李爽:《技术性贸易壁垒与农产品贸易》,中国农业出版社 2009 年版。

[67] 李伟、杨青:《碳关税对我国贸易的影响及应对策略》,《商业时代》2010 年第 6 期。

[68] 李向阳:《全球气候变化规则与世界经济的发展趋势》,《国际经济评论》2010 年第 1 期。

[69] 李晓玲、陈雨松:《"碳关税"与 WTO 规则相符性研究》,《国

际经济合作》2010 年第 3 期。

[70] 李秀香、张婷：《出口增长对我国环境影响的实证分析——以 CO_2 排放量为例》，《国际贸易问题》2004 年第 7 期。

[71] 梁燕君：《我国发展低碳经济的政策选择》，《天津政协》2010 年第 7 期。

[72] 林宏、岳凌云：《国内外低碳经济发展情况研究及对浙江的建议》，《城市》2009 年第 9 期。

[73] 林宏：《国内外低碳经济发展情况及对我省的建议》，《政策瞭望》2009 年第 8 期。

[74] 刘传江、冯碧梅：《低碳经济对武汉城市圈建设"两型社会"的启示》，《中国人口·资源与环境》2009 年第 10 期。

[75] 刘传江、冯碧梅：《低碳经济与武汉城市圈两型社会建设》，《学习与实践》2009 年第 1 期。

[76] 刘强、庄幸、姜克隽、韩文科：《中国出口贸易中的载能量及碳排放量分析》，《中国工业经济》2008 年第 8 期。

[77] 刘世锦：《当前发展低碳经济的重点与政策建议》，《中国科技投资》2010 年第 1 期。

[78] 刘世锦：《当前发展低碳经济的重点与政策建议》，《中国市场》2010 年第 4 期。

[79] 刘小川、王曾涛：《二氧化碳减排政策比较以及我国的优化选择》，《生态环境与保护》2010 年第 2 期。

[80] 刘轶芳等：《低碳约束下我国贸易结构的合理性研究》，《管理评论》2010 年第 6 期。

[81] 鲁丹萍：《国际贸易壁垒战略研究》，人民出版社 2006 年版。

[82] 陆穗峰：《环境保护与对外经贸》，中国对外经济贸易出版社 1997 年版。

[83] 吕莎莎：《试析碳关税产生的国际法渊源及危机应对》，《金卡工程》（经济与法）2010 年第 8 期。

[84] 罗堃：《我国污染密集型工业品贸易的环境效应研究》，《国际贸易问题》2007 年第 10 期。

［85］马建英：《中国气候威胁论的深层悖论——以内涵能源概念的导入为例》，《世界经济与政治论坛》2009 年第 3 期。

［86］马丽、刘卫东、刘毅：《外商投资与国际贸易对中国沿海地区资源环境的影响》，《自然资源学报》2003 年第 5 期。

［87］马涛：《中国对外贸易中的生态要素流分析——从生态经济学视角看贸易与环境问题》，复旦大学出版社 2007 年版。

［88］马文秀：《日美贸易摩擦与日本产业结构调整》，人民出版社 2010 年版。

［89］马相东、杨丽花：《服务贸易与低碳经济：日本经验与中国发展》，《中国地质大学学报》2010 年第 11 期。

［90］牛海霞、罗希晨：《我国加工贸易污染排放实证分析》，《国际贸易问题》2009 年第 2 期。

［91］欧训民、张希良、王若水：《低碳环境友好技术国际转移博弈论研究》，《中国人口·资源与环境》2009 年第 3 期。

［92］潘家华、陈迎：《碳预算方案：一个公平、可持续的国际气候制度框架》，《中国社会科学》2009 年第 5 期。

［93］潘家华：《持续发展途径的经济学分析》，中国人民大学出版社 1997 年版。

［94］潘家华：《减缓气候变化的经济与政治影响极其地区差异》，《世界经济与政治》2003 年第 6 期。

［95］彭欢：《低碳经济视角下我国城市土地利用研究》，湖南大学硕士学位论文，2010 年。

［96］齐绍洲、李楷：《发展中国家经济增长与能源消费强度收敛的实证分析》，《世界经济研究》2010 年第 2 期。

［97］齐晔、李惠民、徐明：《中国进出口贸易中的隐含碳估算》，《中国人口·资源与环境》2008 年第 8 期。

［98］秦军：《发展低碳经济的国际对比及其对我国的启示》，《科技进步与对策》2010 年第 11 期。

［99］任力：《国外发展低碳经济的政策及启示》，《发展研究》2009 年第 2 期。

［100］ 闫云凤、杨来科：《金融危机与我国低碳贸易的发展》，《上海财经大学学报》2010 年第 1 期。

［101］ 闫云凤、杨来科：《中美贸易与气候变化——基于投入产出法的分析》，《世界经济研究》2009 年第 7 期。

［102］ 商务部研究院：《中国商务发展报告·2010》，中国商务出版社 2010 年版。

［103］ 沈可挺、李钢：《碳关税对中国工业品出口的影响——基于可计算一般均衡模型的评估》，《财贸经济》2010 年第 1 期。

［104］ 沈可挺：《碳关税争端及其对中国制造业的影响》，《中国工业经济》2010 年第 1 期。

［105］ 沈利生、唐志：《对外贸易对我国污染排放的影响——以二氧化硫排放为例》，《管理世界》2008 年第 6 期。

［106］ 沈利生：《我国对外贸易结构变化不利于节能降耗》，《管理世界》2007 年第 10 期。

［107］ 沈荣珊、任荣明：《贸易自由化环境效应的实证研究》，《国际贸易问题》2006 年第 7 期。

［108］ 盛长奇：《低碳经济与安徽经济发展模式转变的研究》，《北方经济》2011 年第 1 期。

［109］ 石红莲：《低碳经济时代中美气候与能源合作研究》，中国博士学位论文库。

［110］ 史新峰：《气候变化与低碳经济》，中国水利水电出版社 2010 年版。

［111］ 世界银行：《国际贸易与气候变化——经济、法律和制度分析》，廖玫译，高等教育出版社 2010 年版。

［112］ 宋德勇、易艳春：《外商直接投资与中国碳排放》，《中国人口·资源与环境》2011 年第 1 期。

［113］ 宋杰鲲：《中国二氧化碳排放量的影响因素及减排对策分析》，《价格理论与实践》2010 年第 1 期。

［114］ 孙琳、郭丽伟：《贸易与环境关系问题经济学分析》，《科技资讯》2006 年第 10 期。

［115］孙霖：《美国征收碳关税对中国的影响及应对措施》，《太原科技》2009 年第 9 期。

［116］孙希良、张爱军：《全球金融危机对国际格局及大国关系的影响》，《中共济南市委党校学报》2009 年第 5 期。

［117］孙小羽、臧新：《中国出口贸易的能耗效应和环境效应的实证分析》，《数量经济技术经济研究》2009 年第 4 期。

［118］孙晓琴等：《技术性贸易壁垒对中国产业竞争力中长期影响的实证分析》，《国际贸易问题》2006 年第 5 期。

［119］唐方方、宗计川：《低碳新规则下的世界与中国》，《时事报告》2009 年第 12 期。

［120］唐海燕：《国际贸易环境论》，华东师范大学出版社 1999 年版。

［121］唐海燕：《再论国际贸易环境》，《华东师范大学学报》（哲学社会科学版）1998 年第 4 期。

［122］汪素芹、史俊超：《我国工业制成品贸易条件变动的实证研究：1995—2006》，《财贸经济》2008 年第 8 期。

［123］王军：《气候变化经济学的文献综述》，《世界经济》2008 年第 8 期。

［124］王海萍：《贸易保护的创新与"碳关税"的登场》，《管理观察》2009 年第 4 期。

［125］王家诚：《中国能源效率与节能战略措施》，《中国战略观察》2006 年第 12 期。

［126］王仕军：《低碳经济研究综述》，《开放导报》2009 年 10 月 8 日。

［127］王亚星：《中国出口贸易壁垒监测与分析报告·2010》，中国经济出版社 2010 年版。

［128］魏本勇、方修琦、王媛等：《基于投入产出分析的中国国际贸易碳排放研究》，《北京师范大学学报》（自然科学版）2009 年第 4 期。

［129］吴金勇、刘婷：《气候政治（封面故事）》，《商务周刊》2007

年第 10 期。

[130] 吴力波、汤维祺：《碳关税的理论机制与经济影响初探》，《世界经济情况》2010 年第 3 期。

[131] 吴玉鸣：《外商直接投资对环境规制的影响》，《国际贸易问题》2006 年第 4 期。

[132] 习杨潇、李扬帆、尹荣尧等：《"十二五"环境规划中应对气候变化问题的思考》，《中国人口·资源与环境》2010 年第 2 期。

[133] 谢来辉、陈迎：《碳泄漏问题评析》，《气候变化研究进展》2007 年第 7 期。

[134] 谢来辉：《美国挥舞"碳关税"大棒：意在中国》，《世界环境》2009 年第 4 期。

[135] 邢继俊、黄栋、赵刚：《低碳经济报告》，电子工业出版社 2010 年版。

[136] 徐驰：《碳关税对国际贸易的影响分析及应对措施——以中美贸易为例》，《技术监督教育学刊》2009 年第 6 期。

[137] 徐冬青：《发达国家低碳经济的做法与经验借鉴》，《世界经济与政治论坛》2009 年第 6 期。

[138] 徐建斌、尹翔硕：《贸易条件恶化与比较优势战略的有效性》，《世界经济》2002 年第 1 期。

[139] 许广月、宋德勇：《我国出口贸易、经济增长与碳排放关系的实证研究》，《国际贸易问题》2010 年第 1 期。

[140] 晏路明：《人类发展与生存环境》，中国环境科学出版社 2001 年版。

[141] 杨昌荣：《聚焦低碳经济方式 促进我国外贸绿色发展》，《港口经济》2010 年第 7 期。

[142] 杨国锐：《中国经济发展中的碳排放波动及减碳路径研究》，中国博士学位论文库。

[143] 杨海生、贾佳、周永章等：《贸易、外商直接投资、经济增长与环境污染》，《中国人口·资源与环境》2005 年第 3 期。

［144］杨万平、袁晓玲：《对外贸易、FDI 对环境污染的影响分析——基于中国时间序列的脉冲响应函数分析》，《国际贸易问题》2008 年第 12 期。

［145］杨勇：《中国服务业全要素生产率再测算》，《世界经济》2008 年第 10 期。

［146］姚仲枝：《中国贸易结构的变动：2001—2008》，《国际经济评论》2008 年第 6 期。

［147］叶汝求：《环境与贸易》，中国环境科学出版社 2001 年版。

［148］尹希果、霍婷：《国外低碳经济研究综述》，《中国人口·资源与环境》2010 年第 9 期。

［149］于宏源：《整合气候和经济危机的全球治理：气候谈判新发展研究》，《世界经济研究》2009 年第 7 期。

［150］于立新、江皎：《低碳经济压力下的可持续贸易发展战略》，《红旗文稿》2010 年第 2 期。

［151］俞海山：《广义国际贸易环境论》，经济科学出版社 2007 年版。

［152］俞海山：《国际贸易环境影响效应分析》，《经济理论与经济管理》2006 年第 8 期。

［153］喻捷：《欧美低碳走势　在普通产品上加注碳标签正成为趋势》，《经理人》2010 年第 1 期。

［154］苑涛、杜金东：《中日贸易摩擦：理论、影响、对策》，中国财政经济出版社 2010 年版。

［155］张连众、朱坦、李慕茜：《贸易自由化对我国环境污染的影响分析》，《南开经济研究》2003 年第 3 期。

［156］张琴、张志辉：《国际贸易与环境——相关假说的评述》，《国际贸易问题》2005 年第 9 期。

［157］张琼：《国际贸易与环境问题的文献综述》，《知识经济》2010 年第 4 期。

［158］张胜军：《全球气候政治的变革与中国面临的三角难题》，《世界经济与政治》2010 年第 10 期。

[159] 张曙霄等：《中国对外贸易结构新论》，经济科学出版社 2009年版。

[160] 张素菊：《深刻理解世界经济政治文化的新变化、新态势和新特点》，《理论学习与探索》2010 年第 2 期。

[161] 张伟：《浅议低碳经济》，《金融经济》2010 年第 4 期。

[162] 张晓平：《中国对外贸易产生的 CO_2 排放区位转移效应分析》，《地理学报》2009 年第 64 期。

[163] 张晓庆：《发展低碳经济对中国出口贸易的影响分析》，中国优秀硕士学位论文库。

[164] 张亚斌、车鸣、易先忠：《"合成谬误"与中国商品贸易条件恶化》，《世界经济研究》2010 年第 8 期。

[165] 张燕生、丁刚等：《后危机时代我国对外贸易的战略性调整》，《国际贸易》2010 年第 1 期。

[166] 张毓卿：《江西省出口贸易碳排放测度研究》，江西财经大学硕士学位论文，2010 年。

[167] 张志洲：《中国国际话语权的困局与出路》，《绿叶》2009 年第 5 期。

[168] 赵晓丽、洪东悦：《中国对外贸易对能源消费的影响：基于结构因素分解法的分析》，《财贸经济》2009 年第 9 期。

[169] 赵玉焕：《贸易与环境协调问题研究》，中国优秀硕士学位论文库。

[170] 政府间气候变化专门委员会（IPCC）第四次评估报告：《气候变化 2007 综合报告》，2008 年。

[171] 中国发展低碳经济途径研究：《国合会政策研究报告》，2009 年。

[172] 钟劲松：《我国发展碳交易市场策略研究》，《价格理论与实践》2010 年第 7 期。

[173] 周芳：《浅析低碳经济对我国出口贸易的影响及对策》，《科技信息》2009 年第 30 期。

[174] 周玲玲、顾阿伦、滕飞、何建坤：《实施边界碳调节对中国对

外贸易的影响》,《中国人口·资源与环境》2010 年第 8 期。

[175] 周念利:《基于引力模型的中国双边服务贸易流量与出口潜力研究》,《数量经济技术经济研究》2010 年第 12 期。

[176] 朱亚光:《成本收益分析视角的低碳经济简单模型研究》,《中国证券期货》2010 年第 5 期。

[177] 庄贵阳:《中国发展低碳经济的困难与障碍分析》,《江西社会科学》2009 年第 7 期。

[178] 庄贵阳:《中国经济低碳发展的途径与潜力分析》,《国际技术经济研究》2005 年第 3 期。

英文文献

[1] Ackerman F., Ishikawa M., Suga M., The carbon content of Japan-US trade, *Energy Policy*, 2007, 35 (9).

[2] AEO 2011 Early Release Overview.

[3] Ahmad N., Wyckoff A., Carbon dioxide emissions embodied in international trade of goods, STI working paper 15, OECD directorate forscience, Technology and Industry, Paris, 2003.

[4] Alexecva-Talebi, V., Loschel, A. and Mennel, T. Competitiveness in Unilateral Climate Policy: Border Tax Adjustments or Integrated Emission Trading? Centre for European Economic Research (ZEW), Mannheim, 2008.

[5] Alexeeva-Talebi, V., A. Loschel and T. Mennel, Climate Policy and the Problem of Competitiveness: Border Tax Adjustments or Integrated Emission Trading? ZEW Discussion Paper No. 08 – 061, 2008.

[6] Alexeeva-Talebi, V., N. Anger and A. Loschel, Alleviating Adverse Implication of EU Climate Policy on Competitiveness: The Case for Border Tax Adjustments or the Clean Development Mechanism? ZEW Discussion Paper No. 08 – 095, 2008b.

[7] Annual Energy Outlook 2010 With Projections to 2035, U. S. Energy

Information Administration Office (EIA).

[8] Antweiler, W. , The Pollution Terms of Trade, *Economic Systems Research*, 1996, 8 (4).

[9] Antweiler, W. , B. Copeland, S. Taylor. Is free trade good for the environment? *American Economic Review*, 2001, 91 (4).

[10] Bhagwati, J. and P. C. Mavroidis, Is action against US exports for failure to sign Kyoto Protocol WTO-legal? *World Trade Review*, 2007, 6 (2).

[11] Bin Shui, Robert C. Harriss, The role of CO_2 embodiment in US-China trade, *Energy Policy*, 2006, 34 (18).

[12] Birdsall, N. , Wheeler, D. , Trade policy and industrial pollution in Latin America: where are the pollution heavens? In: Low, P. (Ed.), International Trade and the Environment. World Bank Discussion Paper, Vol. 159, 1992. The World Bank, Washington, D. C.

[13] Bosetti, V. , and J. Frankel, Global Climate Policy Architecture and Political Feasibility: Specific Formulas and Emission Targets to Attain 460ppm CO_2 Concentrations, NBER Working Paper No. 15516, 2009.

[14] Chan, M. , Lessons Learned from the Financial Crisis: Designing Carbon Markets for Environmental Effectiveness and Financial Stability, *Carbon & Climate Law Review*, 2009, 3 (2).

[15] Chen Hongmin, How to promote local government to save energy and reduce pollutant discharges, *Economic Review* 2008 (5).

[16] Chen Wenying, The costs of mitigating carbon emissions in China: Findings from China MARKAL-MACRO modeling, *Energy Policy*, 2005, 33 (7).

[17] Chiehilnisky, G. , North-South Trade and the Global Environment, *American Economic Review* 9, 1994.

[18] Choliz J. S. , R. Duarte, CO_2 emission embodied in international

trade: evidence for Spain, *Energy Policy*, 2004, (32).

[19] Colpeland, B. R. & M. S. Taylor, North-South Trade and the Environment, *Quarterly Journal of Economics* 109, 1994.

[20] Copeland, B., S. Taylor, Trade and transboundary pollution, *American Economic Review*, 1995, 85 (4).

[21] Copeland, B., S. Taylor, North-South Trade and the environment, *The Quarterly Journal of Economics*, 1994, 109 (3).

[22] Copeland, B. R. & M. Scott Taylor, Trade and the Environment: Theory and Evidence, Princeton University Press, 2003.

[23] Dasgupta, S., LaPlante, B., Wang, H., et al., Confronting the Environmental Kuznets Curve, *Journal of Economic Perspectives* 16 (1), 2002.

[24] De Cendra, J., Can emissions tradig schemes be coupled with border tax adjustments? An analysis vis-a'-vis WTO law, *Review of European Community and International Environmental Law*, 2006, 15 (2).

[25] Dean, Judith M., Trade Growth, Production Fragmentation, and China's Environment, Working Paper, 2007.

[26] Dechezlepretre, A. G., M. Glachant, et al., Technology transfer by CDM projects: A comparison of Brazil, China, India, Energy, *Energy Policy* 2008, 37 (2).

[27] Demaret, P. and R. Stewardson, Boder tax adjustments under GATT and EC law and general implications for environmental taxes, *Journal of World Trade*, 1994, 28 (4).

[28] Dua, A. and Esty, Sustaining the Asia Pacific Miracle, Washington, D. C., Institute for International Economics, Working Paper, 1997.

[29] Energy Transition for Industry: India and the Global Context, OECD/IEA 2011.

[30] Environmental Impact Assessment of Roads, OECD, 1994.

[31] Eskeland, G., and A. Harrison, Moving to Greener Pastures? Multinationals and the Pollution-haven Hypothesis, The World Bank Policy Research Working Paper No. 1744, 1997.

[32] Fisher, D. R., A climate of injustice: Global inequality, north-south politics, and climate policy, *Contemporary Sociology A Journal of Reviews*, 2008, 37 (2).

[33] Frankel, J., A. Rose, Is trade good or bad for the environment? Sorting out the causality, *The Review of Economics and Statistics*, 2005, 87 (1).

[34] Gale, I. V. and R. Lewis, Trade liberalization and pollution: an input-output study of carbon dioxide emissions in Mexico, *Economic Systems Research*, 1995, 7 (3).

[35] Gordon H. Hanson, Raymond Robertson, China and the Manufacturing Exports of Other Developing Countries, NBER Working Paper No. 14497, 2008.

[36] Grossman, G., A. Krueger, Environmental impacts of a North American free trade agreement, In P. Garber (ed.), The U.S. Mexico Free Trade Agreement. Cambridge, MA: MIT Press, 1994.

[37] Guo Ru, Cao Xiaojing, Yang Xinyu, Li Yankuan, Jiang Dahe, Li Fengting, The strategy of energy-related carbon emission reduction in Shanghai, *Energy Policy*, 2010, (38).

[38] IEA 2010, Energy Technology Perspective—Scenarios & Strategies to 2050, International Energy Agency, Paris.

[39] Innes, R., Global climate change: The science, economics and politics, *Journal literature*, 2004, 42 (4).

[40] John Whalley, On the effectiveness of carbon-motivated border tax adjustments, Asia-Pacific Research and Training Network on Trade Working Paper No. 63, 2009.

[41] Brewer, T., U. S. climate policy-trade policy intersections, current

status, prospects and implications for carbon leakage, presentation at the Climate Strategies Carbon Leakage Workshop, 4 February 2008, Paris.

[42] Johnston, D., Lowe, R., Bell, M., "An Exploration of the Technical Feasibility of Achieving CO_2 Emission Reductions in Excess of 60% Within the UK Housing Stock by the Year 2050", *Energy Policy*, Vol. 33, 2005, pp. 1643 – 1659.

[43] Joost Pauwelyn, U. S. Federal Climate Policy and Competiveeness Concems: The Limits and Options of International Law, Nicholas Institute for Environmental Policy Solution, Duke University Working Paper, 2007.

[44] Kakali Mukhopadhyay, Debesh Chakraborty, Enviorment Impacts of Trade in India, *The International Trade Journal* 2005, 19 (2).

[45] Kakali Mukhopadhyay, Impact on the Environment of Thailand's Trade with OECD Countries, *Asia-Pacific Trade and Investment Review*, 2006, 2 (1).

[46] Kander A., Lindmark M., Foreign trade and declining pollution in Sweden: a decomposition analysis of long-term structural and technological effects, *Energy Policy*, 2006, 34 (13).

[47] Koji Shimada, Yoshitaka Tanaka, Kei Gomi, Yuzuru Matsuoka, "Developing a Long-term Local Society Design Methodology Towards a Low-carbon Economy: An Application to Shiga Prefecture in Japan", *Energy Policy*, Vol. 35, 2007, pp. 4688 – 4703.

[48] Konda Y., Moriguchi Y., Shimizu H., CO_2 emissions in Japan: Influences of imports and exports, *Applied Energy*, 1998, 59 (2 – 3).

[49] Lenzen M., Primary energy and greenhousegases embodied in Australian final consumption: An input-output analysis, *Energy Policy*, 1998, 26 (6).

[50] Li You, Hewitt C. N., The effect of trade between China and the

UK on national and global carbon dioxide emissions, *Energy Policy*, 2008, 36 (6).

[51] Liu Xianbing, Analases of CO_2 emissions embodied in Janpan-China trade, *Energy Policy*, 2010, 38 (3).

[52] Lockwood, B. and Whalley, J. Carbon Motivated Border Tax Adjustments: Old Wine in Green Bottles? NBER Working Paper No. 14025, 2008.

[53] Machado, Giovani, Roberto Schaeffer and Ernst Worrell, Energy and carbon embodied in the international trade of Brazil: an input-output approach, *Ecological Economics*, 2001, 39 (3).

[54] Manders, T. and P. Veenendaal, Border tax adjustments and the EU-ETS-A quantitative assessment, CPB Document No. 171, 2008, p. 36.

[55] Manfred Lenzen, Joy Murray, Fabian Sack, et al. , Shared producer and consumer responsibility-theory.

[56] Mani, M. and D. Wheeler, In Search of Pollution Heavens? Dirty dustry in the World Economy, 1960 – 1995, *Journal of Environment and Development*, Vol. 7, No. 3, 1998, pp. 215 – 247.

[57] Marco Mazzarino, The economics of the greenhouse effect: evaluating the climate change impact due to the transport sector in Italy, *Energy Policy*, 2000, (28).

[58] Markus Lederer, Regulating Carbon Markets: A plea for re-regulation not abandonment! Paper to be presented at the 2010 SGIR Conference 9 – 11, September 2010 Stockholm.

[59] Mattoo, A. et al. , Reconciling Climate Change and Trade Policy, Policy Research Working Paper, No. 5123.

[60] Meade, J. E. , A Note on Border-Tax Adjustments, *The Journal of Political Economy*, 1974, 82 (5).

[61] METI of Japan, White Paper on International Economy and Trade— Japan's Trade Strategy on Improving Industrial Productivity and Ac-

celerating Economic Growth, Tokyo: Minister of Economy, Trade and Industry of Japan, 2007.

[62] Michael Dalton, Brian O'Neill, Alexia Prskawetz, Leiwen Jiang, John Pitkin, Population aging and future carbon emission in the United States, *Energy Economics*, 2008, (30).

[63] Michael Hübler, Can Carbon Based Import Tariffs Effectively Reduce Carbon Emissions? Kiel Working paper No. 1565, October 2009.

[64] Michael O. Moore, Implementing Carbon Tariffs-A Fool's Errand? Policy Research Working Paper No. 5359, 2010.

[65] Mongeli I., G. Tassielli, B. Notarnicola, Global warning agreements, international trade and energy/carbon embodiments: an input-output approach to Italian case, *Energy Policy*, 2006, 34 (1).

[66] Nakano, S., A. Okamura, N. Sakurai, et al., The Measurement of CO_2 Embodiments in International Trade: Evidence from the Harmonised Input-output and Bilateral Trade Database, Paris: OECD STI Working Paper, 2009.

[67] Niven Winchester, Sergey Paltsev and John Reilly, Will Border Carbon Adjustments Work? Global science policy change mit report No. 184, 2010.

[68] OECD, Tackling the Climate Changes and Growing the Economy: Key Message and recommendations from recent OECD work, 2009.

[69] OECD, *Capacity Development in Environment*, *Principles in Practice*, Paris, 1997.

[70] OECD, *The Environmental Effects of Trade*, Paris, 1994.

[71] "Our Energy Future—Creating a Low Carbon Economy", UK Government 2003.

[72] Pan, J., J. Phillips and Y. Chen, China's balance of emissions embodied in trade: approaches to measurement and allocating international responsibility, *Oxford Review of Economic Policy* 2008, 24

(2).

[73] Paoayotou, Empirical tests and policy analysis of environment degradation at different stages of economic development, World Employment Programme Research Working Paper WEP222/WP 238, 1993.

[74] Paul-ErikVeel, Carbon taridds and the WTO: An evaluation of feasilble policies, *Journal of International Economic Law* 2009, 12 (3).

[75] Peters G. P., Hertwich E. G., Pollution embodied in trade: The Norwegian case, *Global Enviormental Change*, 2006, 16.

[76] Peters G. P., Hertwich E. G., CO_2 embodied in international trade with implications for global climate policy, *Environmental Science Technology Policy*, 2008, 42.

[77] Pindyck, R. S. Uncertain Outcomes and Climate Change Policy. NBER Working Paper No. 15259, 2009.

[78] R. Seymore, M. Mabugu and J. H. van Heerden, Border Tax Adjustments to Negate the Economic Impact of an Electricity GenerationTax, University of Pretoria, Working Paper No. 167, 2010.

[79] Ramakrishnan Ramanathan, A multi-factor efficiency perpective to the relationships among world GDP, energy consumption and carbon dioxide emission, *Technological Forecasting & Social Change*, 2006, (73).

[80] Robinson, D., Industrial Pollution Abatement: the Impact on Balance of Trade, *Canadian Journal of Economics*, XXI, No.1, 1988.

[81] Schaeffer, Roberto and André P Leal de Sá, The embodiment of carbon associated with Brazil imports and exports, *Energy Conversion and Management* 1996, 37 (6 - 8).

[82] T. C. Chang, S. J. Lin, Grey relation analysis of carbon dioxide emissions from industrial production and energy uses in Taiwan, *Jour-*

nal of Envioronmental Management, 1999, (56).

[83] The American Power Act: "First Read" of the Kerry-Lieber-man Climate and Energy Legislation, http://www.usclimatenetwork. org/poliey/american-power-act, 2010. 5. 12.

[84] Tobey, J. A. , The effects of domestic environmental policies on patterns of world trade: an empirical test, 1990, 43.

[85] Treffers, T. , Faaij, APC, Sparkman, J. , Seebregts, "A Exploring the Possibilities for Setting up Sustainable Energy Systems for the Long Term: Two Visions for the Dutch Energy System in 2050", *Energy Policy*, Vol. 33, 2005.

[86] Ugur Soytas, Ramazan Sari, Bradley T. Ewing, Energy consumption, income and carbon emissions in the United States, *Ecological Economics*, 2007, (62).

[87] Ugur Soytas, Ramazan Sari. Energy consumption, economic growth, and carbon emissions: Challenges faced by an EU candidate member, *Ecological Economics*, 2009, (68).

[88] Victoria Alexeeva-Talebi, Andreas Loschel, Tim Menne, Competitiveness in Unilateral Climate Policy: Border Tax Adjustments or Integrated Emission Trading? CESifo Venice Summer Institute, July, 2008.

[89] Wang Tao, Who owns China's carbon emission, Sussex Energy Group and Tyndall Centre for Climate Change Research, 2007.

[90] Wang, T. , J. Watson, Who Owns China's Carbon Emissions? Sussex: Tyndall Centre for Climate Change Research, 2007.

[91] Weber, C. , G. Peters, D. Guan, et al. , The contribution of Chinese exports to climate change, *Energy Policy*, 2008, 36 (9).

[92] Weitzman, M. A. Review of the Stern Review on the Economics of Climate Change, *Journal of Economic Literature*, 2007, (45).

[93] Weitzman, M. , On Modeling and Interpreting the Economics of Catastrophic Climate Change, *Review of Economics and Statistics*,

2009 (2).

[94] World Bank, International Trade and Climate Change-Economic, Legal, and Institutional Perspectives, Washington, D. C., 2007.

[95] World Bank, China's New Trade Issues in the Post-WTO Ac-cession Era, Washington, D. C.: World Bank, 2010.

[96] World Energy Outbook 2010.

[97] World Trade Organization International Trade Statistics 2010.

[98] World Trade Report 2010, WTO.

[99] Xu Ming, Allenby Braden, Chen Wei Q. Energy and air emissions embodied in China-U. S. trade: east-bound assessment using adjusted bilateral trade data, *Environment Science & Technology*, 2009, 43.

[100] Zhang Xingping, Cheng Xiaomei, Energy consumption, carbon e-missions, and ecnomic growth in China, *Ecological Economics*, 2009, (68).

[101] Zhong Xiangzhang, Can China afford to commit itself an emissions cap? An economic and political analysis, *Energy Economics*, 2000, (22).

[102] Zhong Xiangzhang, Decoupling China's Carbon Emissions Increase from Economic Growth: An Economic Analysis and Policy Implications, *World Development*, 2000, (28).